studio [21]

Testheft
Deutsch als Fremdsprache

A2

von

Nelli Pasemann

Cornelsen

studio [21] A2
Testheft
Deutsch als Fremdsprache

Herausgegeben von Hermann Funk und Christina Kuhn
Im Auftrag des Verlages erarbeitet von Nelli Pasemann

Basierend auf studio d A2 Testheft von Hannelore Pistorius und Nelli Pasemann

In Zusammenarbeit mit der Redaktion:
Maria Funk, Gertrud Deutz (Projektleitung)

Illustrationen: Andreas Terglane
Technische Umsetzung: zweiband.media, Berlin
Umschlaggestaltung und Layout: Klein & Halm Grafikdesign, Berlin

Informationen zum Lehrwerksverbund **studio [21]** finden Sie unter www.cornelsen.de/studio 21.

www.cornelsen.de

Die Webseiten Dritter, deren Internetadressen in diesem Lehrwerk angegeben sind, wurden vor Drucklegung sorgfältig geprüft. Der Verlag übernimmt keine Gewähr für die Aktualität und den Inhalt dieser Seiten oder solcher, die mit ihnen verlinkt sind.

1. Auflage, 2. Druck 2016

Alle Drucke dieser Auflage sind inhaltlich unverändert
und können im Unterricht nebeneinander verwendet werden.

© 2016 Cornelsen Schulverlage GmbH, Berlin
© 2016 Cornelsen Verlag GmbH, Berlin

Das Werk und seine Teile sind urheberrechtlich geschützt.
Jede Nutzung in anderen als den gesetzlich zugelassenen Fällen bedarf der vorherigen schriftlichen Einwilligung des Verlages.
Hinweis zu den §§ 46, 52 a UrhG: Weder das Werk noch seine Teile dürfen ohne eine solche Einwilligung eingescannt und in ein Netzwerk eingestellt oder sonst öffentlich zugänglich gemacht werden.
Dies gilt auch für Intranets von Schulen und sonstigen Bildungseinrichtungen.

Druck: H. Heenemann, Berlin

ISBN 978-3-06-520104-9

PEFC zertifiziert
Dieses Produkt stammt aus nachhaltig bewirtschafteten Wäldern und kontrollierten Quellen.
PEFC
www.pefc.de

Inhalt

4	Test 1	Leben und lernen in Europa
6	Test 2	Familiengeschichten
8	Test 3	Unterwegs
10	Test 4	Freizeit und Hobby
12	Test 5	Medien im Alltag
14	Test 6	Ausgehen, Leute treffen
16	Test 7	Vom Land in die Stadt
18	Test 8	Kultur erleben
20	Test 9	Arbeitswelten
22	Test 10	Feste und Feiern
24	Test 11	Mit allen Sinnen
26	Test 12	Erfindungen und Erfinder
28	Gesamttest	Einheit 1–6
35	Gesamttest	Einheit 7–12
42	Modelltest	Goethe-Zertifikat A2
49	Antwortbogen	
50	Testbeschreibung und Bewertungskriterien	

Anhang

53	Hörtexte
57	Lösungen

Test 1
Leben und lernen in Europa

Name Kurs Datum Punkte
insgesamt **40**

1 Wer tut was? Lesen Sie die Porträts und ergänzen Sie die Vornamen in den Sätzen. **8**

In die Wiener Zentralbibliothek kommen Menschen aus vielen Ländern. Im Mai hat dort die Ausstellung „Wien spricht viele Sprachen" stattgefunden. Leserinnen und Leser haben ihre Muttersprachen und ihre Sprachbiographien vorgestellt. Hier zwei Porträts:

Lara Lucovna, 25, Studentin:
„Als kleines Mädchen habe ich in Kroatien gelebt. Mein Vater wollte immer, dass ich Deutsch lerne. Aber ich hatte keine Lust, weil Deutsch am Anfang so schwer ist. Jetzt fühle ich mich schon als „Halb-Österreicherin" und alles ist ganz anders. Ich denke und träume auf Deutsch, ich sehe gern deutsche Filme und liebe österreichische Volkslieder. Englisch war meine erste Fremdsprache. Ich habe sie schon im zweisprachigen Kindergarten gelernt und das hat mir immer viel Spaß gemacht. Heute denke ich, das war gut, denn man muss einfach Englisch können – das gehört zur Ausbildung. Mit dem Italienischen ist es eine besondere Geschichte: Mein Opa ist Italiener und ich habe mit ihm schon als Kind Italienisch gesprochen. Ich mag die italienische Sprache am liebsten, weil sie so schön ist wie keine andere Sprache. Darum ist sie ja auch die Sprache der Musik!"

Dorian Brizic, 34, „Sprachgenie":
„Meine Eltern sind Migranten. Mit neun Monaten bin ich mit ihnen aus einer kleinen serbischen Stadt nach Wien gekommen und habe hier Deutsch gelernt. Ihre Muttersprache haben meine Eltern nicht an mich weitergegeben, weil Serbisch in Wien nicht so nützlich war. Darum habe ich die Sprache als Erwachsener allein gelernt. Ich habe viele Menschen aus anderen Ländern getroffen und gesehen, wie wichtig ihre eigene Sprache für ihre Identität ist. Durch diese Kontakte habe ich Türkisch, Griechisch und Albanisch gelernt. Und ich habe meine ganz eigene Methode gefunden: Am besten lerne ich bei einem guten Essen. Türkischer Honigkuchen und türkische Grammatik passen zum Beispiel gut zusammen. Heute gehe ich oft in die Wiener Schulen, denn ich will den Migrantenkindern dort helfen. Sie sollen nicht nur Deutsch, sondern auch ihre eigene Sprache sprechen können."

1. .... verbindet Sprachenlernen und Essen.
2. .... mag deutsche Filme.
3. .... findet Englisch wichtig.
4. .... hat schon als Kind Deutsch gesprochen.
5. .... hilft Kindern in der Schule.
6. .... spricht am liebsten Italienisch.
7. .... ist mit der Familie aus Serbien nach Wien gekommen.
8. .... findet Deutschlernen am Anfang nicht so leicht.

1 Leben und lernen in Europa

2 Warum? Verbinden Sie die Sätze mit *weil*. **10**

1. *Heute spricht Lara sehr gut Deutsch, weil* ....
   Heute spricht Lara sehr gut Deutsch. Sie benutzt es in Wien überall.

2. ....
   Sie kann auch gut Englisch. Sie hat es im Kindergarten gelernt.

3. ....
   Italienisch liebt sie besonders. Sie hat es mit ihrem Opa gesprochen.

4. ....
   Dorian geht in die Schulen. Er will Kindern mit anderen Sprachen helfen.

5. ....
   Migranten brauchen ihre eigene Sprache. Sie gehört zu ihrer Identität.

3 Die deutschsprachigen Länder. Ergänzen Sie die Gegensätze und einen passenden Komparativ im Satz. **12**

Beispiel:

klein – *groß* .... Berlin (3,5 Mio. Einwohner) ist *größer* als Köln (1 Mio. Einwohner)

1. lang – .... Die Donau (2850 km) ist .... als der Rhein (1320 km).

2. wenig – .... In Wien (1800) gibt es .... Kaffeehäuser als in Zürich (40).

3. hoch – .... Der Großglockner (3379 m) ist .... als die Zugspitze (2963 m).

4. alt – .... Werner Faymann (*1960) ist .... als Angela Merkel (*1954).

5. gut – .... Mir gefällt Deutschland .... als mein Heimatland.

4 Ergänzen Sie die Adjektive im Komparativ oder Superlativ. **10**

Die ....¹ (*schön*) Sprache der Welt ist für mich Französisch. Viele Menschen finden Englisch ....² (*wichtig*) als Französisch und ....³ (*viel*) Leute sprechen Englisch als Französisch, aber ich mag Französisch am ....⁴ (*gern*). Die Grammatik ist ....⁵ (*schwierig*) als bei anderen Sprachen, aber dafür klingt die Sprache am ....⁶ (*romantisch*).

Ich mag Französisch nicht. Spanisch ist viel ....⁷ (*einfach*). Man kann es ....⁸ (*schnell*) lernen und ....⁹ (*gut*) aussprechen als Französisch. Aber am ....¹⁰ (*gut*) finde ich, wenn man mehr als eine Fremdsprache spricht.

2 Test Familiengeschichten

Name   Kurs   Datum   Punkte
                         insgesamt **40**

1 Gregor Opel stellt seine Familie vor. Sehen Sie sich den Stammbaum an und ergänzen Sie den Text. **6**

Meine _____¹ heißen Phillip Wilhelm und Katharina. Ich habe einen _____², er heißt Adam.

Adam ist mit Sophie _____³.

Die beiden haben fünf _____⁴, das sind meine Neffen. Meine Mutter Katharina ist Sophies _____⁵ und eine tolle Oma für ihre fünf _____⁶.

Philipp Wilhelm ⚭ Katharina
 └─ Gregor   Adam ⚭ Sophie
              └─ Carl Wilhelm Heinrich Fritz Ludwig

2 Die Familie Opel. Richtig oder falsch?
Lesen Sie den Magazin-Beitrag und kreuzen Sie an. **7**

Opelfreunde Niedersachsen

Phillip Wilhelm Opel hatte in Rüsselsheim eine kleine Fabrik für Metallarbeiten. Sein Sohn Adam (1837–1897) interessiert sich schon früh für Maschinen und nach der Schulzeit machen er und sein älterer Bruder Gregor in der Fabrik eine technische Ausbildung. 1868 heiratet Adam die Fabrikantentochter Sophie Marie Scheller. Mit ihr hat er fünf Söhne: Carl, Wilhelm, Heinrich, Fritz und Ludwig. Die Opel-Brüder sind gute Techniker und bauen 1886 zusammen mit ihrem Vater moderne Fahrräder. Diese sind bald sehr beliebt – besonders, weil die Opel-Brüder viele Rennen fahren und mit ihren Fahrrädern fast jeden Wettbewerb gewinnen. Allein Sohn Fritz bekommt über 180 Preise!

Die Opel-Söhne experimentieren in der Fabrik in Rüsselsheim bald auch mit sogenannten „Motorwagen". Die Fabrik wächst und im Jahr 1911 bauen sie dort schon 3 000 Autos. 1929 verkaufen Wilhelm und Fritz die Fabrik für 120 Millionen Reichsmark an „General Motors". In der letzten Zeit war die Beziehung zwischen „Opel" und „General Motors" ein bisschen kompliziert – sie sind wie ein altes Ehepaar: seit vielen Jahren verheiratet und fast schon geschieden. Wir Opelfreunde freuen uns natürlich, dass die Firma weiter unter dem Namen „Opel" existiert.

12

1. Gregor und Adam haben in der Fabrik ihres Vaters angefangen.   Richtig   Falsch
2. Adam Opel hatte vier Brüder.   Richtig   Falsch
3. Gregor Opel hatte fünf Söhne.   Richtig   Falsch
4. Gregor Opel war geschieden.   Richtig   Falsch
5. Die Firma Opel hatte mit ihren Fahrrädern großen Erfolg.   Richtig   Falsch
6. Die Firma Opel gehört jetzt „General Motors".   Richtig   Falsch
7. Die Beziehung zwischen „Opel" und „General Motors" ist sehr gut.   Richtig   Falsch

2 Familiengeschichten

3 Axel Blum war schon früh von Autos fasziniert. Er zeigt seinem Freund Fotos von sich und seiner Familie. Ergänzen Sie die Possessivartikel im Dativ. **10**

- ■ Hier, das bin ich als kleiner Junge mit m_____¹ Eltern. Wir haben mit u_____² Familie in Göttingen gewohnt. Das ist mein Vater auf s_____³ Fahrrad – damals hatten wir noch kein Auto. Und das bin ich Weihnachten 1982: Von m_____⁴ Tante habe ich ein Modell von einem „Opel Rekord" bekommen. Danach habe ich mir von m_____⁵ Taschengeld noch andere Modelle gekauft.
- ◆ Hast du auch mit d_____⁶ Freunden Automodelle getauscht?
- ■ Ja, von m_____⁷ zwei besten Freunden habe ich einmal einen „Olympia 38" bekommen, ein ganz altes Modell.
- ◆ Habt ihr heute auch ein richtiges Auto?
- ■ Ja, ich fahre einen „Opel Ascona" und meine Frau einen „Opel Corsa". Sie ist mit i_____⁸ kleinen Wagen sehr glücklich. Und meine drei Söhne wollen sich alle von i_____⁹ ersten Geld ein Auto kaufen.
- ◆ Ihr seid in e_____¹⁰ Familie wohl alle Autofans, was?

4 Was sagen Au-Pairs? Schreiben Sie Sätze mit *dass*. **10**

1. Sie sagen, dass _____.
   Manchmal gibt es Probleme mit der Sprache.
2. Sie meinen, dass _____.
   Die Sprachkurse sind wichtig.
3. Viele denken dass _____.
   Die Arbeit mit Kindern macht Spaß.
4. Sie finden es gut, dass _____.
   Wir haben vier Wochen Urlaub im Jahr.
5. Sie denken, dass _____.
   In einer Familie kann man die Sprache sehr schnell lernen.

5 Unser neuer Hund. Lesen Sie und ergänzen Sie die Adjektivendungen. **7**

Wir haben einen neu____¹ Hund. Er heißt Kimo.
Kimo ist ein klein____², dick____³ Hund mit
lustig____⁴ Punkten und einem kurz____⁵
Schwanz. Er hat weiß____⁶ Pfoten und
braun____⁷ Augen. Er sieht sehr hübsch aus.

3 Test Unterwegs

Name　　　　　Kurs　　　　　Datum　　　　　Punkte

insgesamt　40

1 Urlaubsreisen. Welche Überschrift passt zu welcher Anzeige? Ordnen Sie zu. Zu einer Überschrift gibt es zwei Anzeigen.　6

1 Auf dem Wasser – 2 Frauenreise – 3 Wandertour – 4 Urlaub mit Kindern – 5 Fahrradtour

Ferien im Märchenland a
Ruhige Familienreisen, kinderfreundliche Hotels mit Zoo und Abenteuerspielplatz.
www.kidshotels.ch

b
Eine Woche auf dem Rad unterwegs. Letzte Plätze für den beliebten Radweg entlang der Donau bis nach Wien. Jetzt 50 % billiger!
www.donauspezial.at

Bildungsreise: Frauen in Istanbul c
Studien- und Begegnungsreise für Frauen. Treffen mit Ärztinnen, Juristinnen, Geschäftsfrauen und Studentinnen. www.tuerkei.feministisch.de

Sieben Tage auf dem Rhein d
Mit dem Schiff auf Deutschlands schönstem Fluss durch drei Länder: von Basel bis Rotterdam. Gastronomie und Erholung an Board.
www.kontikiboars.ch

Ruhe und Erholung auf dem Hausboot e
Entdecken Sie Europa auf dem Fluss. Ihr Hausboot ist ein komfortables Appartment auf dem Wassern. Reisen Sie in Ihrem eigenen Rhythmus und machen Sie Pause, wo es Ihnen gefällt. www.hausboot-kapitaen.com

Portugal – Galizien f
Auf dem Pilgerweg nach Santiago de Compostela. Studienreise mit Wanderungen in Tagesetappen. Kultur und Sport verbinden. www.wandern-lernen.de

2 Welche Reise (a–f) machen die Leute? Ordnen Sie die Anzeigen aus 1 zu.　5

1. ☐ Michaela interessiert sich für die Situation von Frauen in anderen Ländern.
2. ☐ Herr und Frau Beyer haben drei Kinder und wollen mit der ganzen Familie Urlaub machen.
3. ☐ Anton möchte sportlich aktiv sein, aber seine Ferien dürfen nicht zu viel kosten.
4. ☐ Frank und Katrin wollen einen ruhigen Urlaub machen und ihre Reise selbst planen.
5. ☐ Tim will etwas über Geschichte und Religion lernen, aber nicht nur im Bus sitzen.

3 Auch Frieda und Tom machen Ferienpläne. Ergänzen Sie *aber, oder, und*.　8

◆ Was wollen wir diesen Sommer machen? Eine Schiffsreise auf dem Rhein ....¹ eine Fahrt mit dem Hausboot?

■ Eine Fahrt mit dem Hausboot ist lustig, ...² eine Schiffsreise ist bequemer.

◆ Ja, das stimmt. ....³ ich finde es nicht gut, dass bei der Schiffsreise alles organisiert ist ....⁴ dass man ein festes Programm hat.

■ Ich finde das toll! In dem Schiffsrestaurant kann man auch essen, ...⁵ auf dem Hausboot muss ich selbst kochen.

◆ Man kann mit einem Hausboot viele schöne Touren machen, z. B. eine Fahrt auf der Rhône in Frankreich ....⁶ eine Fahrt durch die Niederlande. Eine Woche ....⁷ sogar zehn Tage allein unterwegs – stell dir das vor!

■ Das ist sicher interessant, ...⁸ ich will lieber die Schiffsreise machen.

8

Unterwegs 3

4 Welche Reise machen Frieda und Tom? Schreiben Sie Vermutungen. 8

1. *Wahrscheinlich machen* .
   Ich denke, dass Frieda und Tom die Schiffsreise machen.

2. *Vielleicht* .
   Ich vermute, dass Frieda am nächsten Tag ins Reisebüro geht.

3. *Wahrscheinlich* .
   Ich glaube, dass Tom lieber mit dem Hausboot fahren will.

4. *Vielleicht* .
   Es ist auch möglich, dass Frieda und Tom etwas ganz anderes machen.

5 Frieda war im Reisebüro und erzählt Tom alles. Ergänzen Sie die Formen von *sollen*. 5

Die Frau im Reisebüro hat gesagt, dass wir die Plätze bald reservieren ....¹. Morgens ist es auf dem Wasser oft noch kalt. Darum ....² alle an warme Kleidung denken. Und für das Festprogramm am letzten Abend ....³ ich ein Abendkleid einpacken und du ....⁴ einen eleganten Anzug mitnehmen. Was denkst du? ....⁵ wir die Reise buchen?

6 Frieda geht ins Reisezentrum von der Deutschen Bahn. Sie fragt nach einer Zugverbindung von Kassel nach Basel und zurück von Rotterdam nach Kassel. Verbinden Sie den Dialog. 8

Ich brauche am 3. Juli eine Zugverbindung von Kassel nach Basel Rheinquai. **1**
Am frühen Vormittag. **2**
Bitte nicht ganz so früh. Lieber einen Zug mit Abfahrt nach 8 Uhr. **3**
Muss man da umsteigen? **4**
Gut. Und die Rückfahrt? Unser Schiff kommt am 10. Juli um 15 Uhr in Rotterdam an. **5**
Nein, am nächsten Morgen. **6**
Das ist egal, wir sind ja auf der Rückfahrt. Können Sie mir das bitte alles ausdrucken? **7**
Vielen Dank. **8**

a Ja, zweimal, aber immer am selben Gleis.
b Basel Rheinquai ... Ja, da halten die Züge sogar direkt. Wann wollen Sie denn fahren?
c Gern, einen Moment, bitte.
d Wollen Sie noch am gleichen Tag zurück nach Kassel?
e Nichts zu danken.
f Dann ist der beste Zug der um 8.23 Uhr, Ankunft Basel 13.17 Uhr, Fahrtdauer etwa fünf Stunden.
g Da gibt es eine Verbindung um 8.35 Uhr ab Rotterdam, Ankunft in Kassel um 14.40 Uhr. Sie müssen aber dreimal umsteigen.
h Es gibt drei Züge mit Abfahrt von Kassel zwischen 6 und 8 Uhr.

4 Test
Freizeit und Hobby

Name   Kurs   Datum   Punkte insgesamt **40**

1 Menschen und ihre Hobbys. Lesen Sie die Texte und bringen Sie die Sätze in die richtige Reihenfolge. **10**

Miriam Schönberg: Blumen und Bäume

Schon als Kind hat mich das Malen fasziniert. Als junges Mädchen habe ich Kurse in Öl- und Acrylmalerei besucht und gelernt, wie man die verschiedenen Farben richtig benutzt. Heute habe ich meinen eigenen Stil und male meist Blumen und Bäume, aber manchmal auch „Energiebilder", spontane Kompositionen ohne Thema. Ich habe schon mehrere Ausstellungen gemacht und meine Bilder meistens gut verkauft. Die nächste Ausstellung ist im Herbst in einer kleinen Galerie.

a) ☐ Heute macht sie Ausstellungen und viele Leute kaufen ihre Bilder.
b) ☐ Mit den Jahren hat sie ihren eigenen Stil gefunden.
c) ☐ *1* Miriam hat sich schon als Kind für das Malen interessiert.
d) ☐ Später hat sie dann verschiedene Malkurse besucht.
e) ☐ Sie malt am liebsten Blumen und Bäume.

Florian Wagner: Mein Leben mit der Mathematik

Seit meiner Kindheit ist die Mathematik mein Hobby. Schon vor meinem dritten Geburtstag habe ich meinen Eltern die Zahlen an den Autos vorgelesen. Mit acht Jahren habe ich die Preise im Supermarkt im Kopf addiert. Ich habe mich natürlich gefreut, dass ich immer schneller als die Supermarktkasse war. In der sechsten Klasse habe ich dann den ersten Preis bei einem Mathematik-Wettbewerb gewonnen. Mit 15 habe ich sogar bei der Internationalen Mathematik-Olympiade mitgemacht. Heute studiere ich Mathematik und beschäftige mich auch in meiner Freizeit gern mit Zahlen. Mathematik ist für mich wie Urlaub.

a) ☐ Zuerst waren es die Zahlen an den Autos.
b) ☐ Er war immer schneller als die Supermarkt-Kasse.
c) ☐ Und heute ist er Mathematikstudent.
d) ☐ Mathematik ist für ihn Erholung.
e) ☐ Später in der Schule hat er für verschiedene Wettbewerbe trainiert.
f) ☐ Dann hat er im Supermarkt die Preise addiert.

Freizeit und Hobby 4

2 Jugend und Freizeit. Ergänzen Sie die Reflexivpronomen und Präpositionen.

Immer weniger Jugendliche interessieren ....¹ ....² Bücher. Sie hören lieber Musik. Am liebsten treffen sie ....³ ....⁴ Freunden bei Konzerten.

- Hanno und Mike, was macht ihr in eurer Freizeit?
- Ich fahre Mountainbike. In den Bergen fühle ich ....⁵ wohl und kann ....⁶ gut entspannen. Meine Freundin und ich erholen ....⁷ gern in der Natur.
- Ich bleibe in der Stadt und verabrede ....⁸ ....⁹ Freunden zum Inline-Skaten. Am besten fühlen wir ....¹⁰ an den Ampeln. Die Autofahrer ärgern ....¹¹ ....¹² die anderen Autos, aber wir freuen ....¹³, weil wir freie Fahrt haben. Aber natürlich achten wir immer auf den Verkehr und oft treffen wir ....¹⁴ auch im Park – da ist es ruhiger.

3 Freizeit im Jahr 2050. Ergänzen Sie *niemand, viele, wenige* und *alle*.

1. 90 % von allen Jungen und Mädchen finden die Freizeit wichtiger als die Schule.
   Fast .... finden die Freizeit sehr wichtig.
2. Etwa 60 % verbringen ihre Freizeit mit Musik.
   .... beschäftigen sich in ihrer Freizeit mit Musik.
3. In jedem Zimmer steht ein Fernseher und fast immer auch ein Computer.
   .... haben einen Fernseher und fast .... auch einen Computer.
4. Kein Jugendlicher möchte ohne Computer leben.
   .... möchte ohne Internet leben.
5. Nicht mehr als 5 % lesen Bücher. – Nur .... lesen noch Bücher.

4 Ein ganz normales Wochenende. Ergänzen Sie den Brief mit Verben im Partizip II.

Hallo Tim,

wie war dein Wochenende? Bei mir ist nichts Besonderes *passiert* ⁰ (passieren). Ich habe lange ....¹ (schlafen), viel Zeit im Internet ....² (verbringen) und viel ....³ (essen). Am Samstag habe ich mich mit Anita zum Frühstück ....⁴ (verabreden). Wir haben uns sehr lange ....⁵ (unterhalten). Am Nachmittag habe ich ....⁶ (einkaufen) und zum Abendessen meinen Bruder ....⁷ (einladen). Wir haben uns Pizza ....⁸ (bestellen) und einen Film ....⁹ (sehen). Ich habe mich sehr ....¹⁰ (freuen), weil wir uns sehr lange nicht gesehen haben.

Viele Grüße

Katia

5 Test
Medien im Alltag

Name _____ Kurs _____ Datum _____ Punkte
insgesamt **40**

1 Von Gutenberg zum WWW. Richtig oder falsch? Lesen Sie und kreuzen Sie an.   **8**

Mit Medien können wir Nachrichten schnell weiterleiten. So kommunizieren die Menschen schon seit vielen tausend Jahre, z. B. durch Malen, Musik und Schreiben. 1450 macht Johannes von Gutenberg in Mainz eine wichtige Erfindung: den Buchdruck, also das „Schreiben" oder Drucken mit Maschinen. Alle Menschen können nun geschriebene Texte lesen – aber viele müssen das erst lernen! Gutenbergs erste gedruckte Bibel aus dem Jahr 1456 ist sehr berühmt. Er hat 180 Bibeln gedruckt und 48 kann man heute noch in Museen sehen. Gutenberg ist der Erfinder der modernen Massenkommunikation.

Mit der Zeit werden die Kommunikationsmedien immer moderner: 1650 kommt in Leipzig die erste Tageszeitung auf den Markt, seit 1875 gibt es das Telefon, seit 1920 das Radio und seit 1954 das Fernsehen. 1981 folgt der Personal Computer (PC) und zehn Jahre später startet am CERN in Genf, dem europäischen Zentrum für Nuklearforschung, das WorldWideWeb. Es soll die Kommunikation zwischen den Physikern leichter machen. Heute benutzen es Erwachsene und Kinder auf der ganzen Welt und viele können sich an ein Leben ohne Internet fast nicht mehr erinnern.

1. Malen, Musik und Schreiben sind alte Kommunikationsformen.   Richtig   Falsch
2. Im 15. Jahrhundert können alle Menschen schreiben und lesen.   Richtig   Falsch
3. Gutenberg hat 48 Bibeln gedruckt.   Richtig   Falsch
4. Die erste deutsche Tageszeitung kann man 1650 in Mainz lesen.   Richtig   Falsch
5. Das Radio ist älter als das Telefon.   Richtig   Falsch
6. Das Fernsehen ist eine Erfindung aus dem letzten Jahrhundert.   Richtig   Falsch
7. 1991 beginnt in Genf die Arbeit mit dem WorldWideWeb.   Richtig   Falsch
8. Heute ist das Internet für junge und alte Leute wichtig.   Richtig   Falsch

2 Dirk Zincke will mit seiner Klasse das Gutenberg-Museum besuchen. Er ruft an und stellt Fragen. Schreiben Sie indirekte Fragen mit *ob* oder W-Fragen.   **6**

1. *Er fragt,* ....
   „Wann ist das Museum geöffnet?"

2. *Er möchte wissen,* ....
   „Kann man mit dem Bus zum Museum fahren?"

3. *Er fragt,* ....
   „Wie weit muss man bis zum Museum laufen?"

4. *Er möchte wissen,* ....
   „Gibt es Führungen für Gruppen?"

5. *Er möchte wissen,* ....
   Wie viel kostet der Museumsbesuch für Schüler?"

6. *Er fragt,* ....
   „Dürfen Lehrer das Museum kostenlos besuchen?"

5 Medien im Alltag

3 a) Lesen Sie die Anzeigen und ergänzen Sie die Adjektivendungen.

1
Kaufe alt...... Briefmarken, amerikanisch......
Schallplatten und gut erhalten...... Kochbücher.
Zahle bar. www.sammeln.ch

4
Ziehe um und verschenke deshalb neu...... Lampe, bequem...... Sofa, klein...... Sofatisch und vier passend...... Stühle. Groß...... Auto für Transport nützlich.

2
Sonntag 12-20 Uhr
Groß...... Flohmarkt am Rheinufer! Toll...... Angebote, klein...... Preise. Antik...... Möbel, selten...... Radios und wertvoll...... Schallplattenspieler aus den 50er Jahren.

3
Suche für gemeinsam...... Freizeit sportlich...... Partnerin mit Interesse am Wandern, Segeln und Skifahren. Bitte aktuell...... Foto schicken.
Der Kurier, ZA 39170

5
Attraktiv...... Arzt (48 J. / 190cm) sucht interessant...... Frau für harmonisch...... Leben zu zweit. www.zweisam.de

b) Welche Anzeige passt zu welcher Situation? Ordnen Sie zu.

a ☐ Andrea ist geschieden und möchte einen neuen Partner finden. Sie macht nach der Arbeit gerne Sport.
b ☐ Sabine sucht einen kleinen Tisch für ihr Wohnzimmer. Sie hat kein Geld.
c ☐ Lisa braucht ein Geschenk für ihren Vater. Er interessiert sich für alte Plattenspieler.

4 Rund um den Computer. Streichen Sie das nicht-passende Wort.

1. einen Computer: kaufen – speichern – reparieren – umtauschen
2. das Passwort: speichern – abfragen – einwerfen – vergessen
3. E-Mails: aufkleben – weiterleiten – beantworten – schreiben
4. eine Datei: öffnen – speichern – schreiben – kopieren
5. einen Brief: löschen – einwerfen – lesen – schreiben

5 Eine Reklamation. Lesen Sie das Gespräch und setzen Sie die passenden Wörter ein.

funktioniert – kaputt – kontrolliert – verkauft – umtauschen – passiert – repariere – bekomme

♦ Georg Warner am Apparat.
■ Guten Tag, Herr Warner, Voss hier. Sie haben mir über eBay ein Handy _____¹.
♦ Ja, und was ist damit? Gibt es ein Problem?
■ Ja, das Handy ist _____². Es _____³ leider nicht.
♦ Das kann nicht sein! Ich habe es ja vorher noch _____⁴.
■ Aber mich haben schon mehrere Leute angerufen und es ist nichts _____⁵.
♦ Hm, na gut, Sie können mir das Handy ja zurückschicken und ich _____⁶ es. Oder Sie können es gegen ein anderes _____⁷.
■ Nein, ich schicke Ihnen Ihr Handy zurück und ich _____⁸ mein Geld zurück.
♦ Gut, wie Sie wollen, Herr Voss.

6 Test
Ausgehen, Leute treffen

Name Kurs Datum Punkte
insgesamt **40**

1 Mehr Zeit für alle. Was mache ich nächstes Jahr mit wem? Ergänzen Sie die Personalpronomen im Dativ. **8**

1. mein Mann: Mit .... will ich öfter alleine essen gehen.
2. meine Kinder: Ich will mehr mit .... spielen.
3. meine Nachbarin, die allein ist: Ich möchte mit .... auf eine Party gehen.
4. mein Großvater, der gern Musik hört: Ich will mit .... Konzerte besuchen.
5. du: Mit .... möchte ich endlich wieder mal einen guten Films sehen.
6. du und deine Kinder: Mit .... möchte ich auf den Weihnachtsmarkt gehen.
7. ich: Und was möchtet ihr nächstes Jahr mit .... machen?
8. wir: Wollt ihr vielleicht mit .... verreisen?

2 Wohin am Abend? Lesen Sie den Text und verbinden Sie die Sätze. **8**

Viele Deutsche gehen am Wochenende oder nach der Arbeit gern aus oder treffen sich mit Freunden oder Kollegen. Für manche ist das sogar ein wichtiger Termin, der einmal in der Woche oder im Monat stattfindet: der Stammtisch. Meistens sind es Männer, die in der gleichen Firma arbeiten oder gearbeitet haben und sich regelmäßig in einem Gasthaus treffen. Dort ist für sie ein größerer Tisch reserviert, oft in einem Extraraum. Das ist auch besser so, denn die Gruppe isst und trinkt zusammen und erzählt gern aus früheren Zeiten – und da kann es laut werden. Inzwischen gibt es Stammtische für die verschiedensten Interessengruppen, so z. B. einen deutsch-japanischen Stammtisch in München, der ein zweisprachiges Kulturprogramm organisiert, oder einen Stammtisch für Leipziger Geschäftsfrauen, den sogar Männer besuchen dürfen.
Im Sommer sind bei den Deutschen Restaurants im Freien sehr beliebt, z. B. Biergärten – Restaurants für Familien. Oft kann man dort sogar sein Essen mitbringen und dazu nur Getränke bestellen. Viele gehen auch in eine Straußwirtschaft. Dort serviert der Wirt meist seine eigenen Weine und regionale Speisen, die zum Wein passen. Und er markiert sein Haus durch einen Strauß und zeigt so, dass er geöffnet hat.

Beim Stammtisch trifft sich eine Gruppe von Männern oder Frauen, 1
Stammtischler sprechen oft von der Arbeit, 2
Der Stammtisch ist ein Tisch, 3
Heute gibt es auch Stammtische, 4
Beim deutsch-japanischen Stammtisch treffen sich Leute, 5
Leipziger Geschäftsfrauen haben einen Stammtisch gegründet, 6
Im Biergarten sieht man oft Familien, 7
Eine Straußwirtschaft ist ein Restaurant, 8

a die ein Kulturprogramm anbieten.
b die an der anderen Kultur interessiert sind.
c die gern zusammen essen, trinken und erzählen.
d die ihr Essen von zu Hause mitbringen.
e das durch einen Strauß am Haus markiert ist.
f die sie früher gemacht haben.
g der für die Stammtischler reserviert ist.
h der auch für Männer offen ist.

14

Ausgehen, Leute treffen | **6**

3 Die *Schnitzel-Fanny* – eine Straußwirtschaft im Rheingau. Lesen Sie das Gespräch und setzen Sie die passenden Wörter ein.

Hunger – Ei – zufrieden – Wein – nehmen – hätte – Rechnung – Spezialität – Speisekarte – lieber

Kleine gemütliche Straußwirtschaft, benannt nach der ersten Besitzerin, Fanny Melser, die die besten Schnitzel in der Region zubereitet hat. Heute garantiert Fannys Sohn Helmut die alte Schnitzeltradition und serviert dazu Topweine aus dem Rheingau.
Öffnungszeiten: vom 1. Mai bis 15. September: Mo, Di, Fr, Sa ab 16 Uhr, So ab 15 Uhr

- ■ Guten Tag, was kann ich Ihnen bringen?
- ◆ Zuerst einmal ein Glas _____ 1.
  Was haben Sie denn da?
- ■ Möchten Sie _____ 2 Rotwein oder Weißwein?
- ◆ Hier in der Region sicher Weißwein, vielleicht einen Riesling.
- ■ Dann kann ich Ihnen unsere „Hochheimer Hölle" empfehlen. Und zum Essen?
- ◆ Kann ich bitte erst einmal die _____ 3 bekommen?
- ■ Natürlich. Samstags empfehlen wir Schnitzelteller à la Fanny das ist unsere _____ 4.
- ◆ Das klingt gut, ist aber sicher sehr viel. Leider habe ich keinen so großen _____ 5.
- ■ Dann _____ 6 Sie doch Rippchen mit Sauerkraut und Kartoffeln. Oder einen „Strammen Max". Das ist ein Toast mit Schinken, Tomaten und _____ 7.
- ◆ Ja, das hört sich gut an. Ich _____ 8 gern den „Strammen Max".

Nach dem Essen:

- ■ Waren Sie mit dem Essen _____ 9?
- ◆ Ja, besonders Ihr Wein schmeckt sehr gut. Ich nehme noch ein Glas. Und dann die _____ 10, bitte.

4 Verbinden Sie die Sätze durch ein Relativpronomen.

1. ....
   Die Straußwirtschaft hat ihren Namen von Fanny Melser. Sie war für ihre Schnitzel berühmt.

2. ....
   Helmut Melser serviert Riesling-Weine. Er kauft sie direkt bei den Weinbauern.

3. ....
   Der Riesling ist ein fruchtiger Wein. Man trinkt ihn vor allem im Rheingau.

4. ....
   Der Rheingau ist eine berühmte Weinbauregion. Sie liegt zwischen Rhein und Main.

5. ....
   „Strammer Max" ist ein hessisches Gericht. Es besteht aus Brot, Schinken und Ei.

6. ....
   „Rippchen" ist ein Schweinekotelett. Man isst es mit Sauerkraut und Kartoffeln.

7. ....
   Helmuts Schnitzelteller ist eine Spezialität. Man kann ihn nur samstags bestellen.

© 2016 Cornelsen Schulverlage GmbH, Berlin. Alle Rechte vorbehalten.

7 Test
Vom Land in die Stadt

Name　　　　　　　　Kurs　　　　　　　　Datum　　　　　　　　Punkte

insgesamt　**40**

10

1 **Ein neues Zuhause. Lesen Sie die Texte und kreuzen Sie an: richtig oder falsch?**
Im letzten Jahr sind etwa 140.000 Deutsche ins Ausland gezogen. So auch Sonja (34) mit ihrem Sohn Paul (8) und Stefan (42) mit seiner Frau Lisa (38) und Tochter Jenna (14).

Sonja und Paul leben seit drei Jahren auf der dänischen Insel Lolland. Sonja erzählt: „Ich bin Köchin, habe aber in diesem Beruf seit meiner Heirat nicht mehr gearbeitet. Nach der Scheidung von meinem Mann wollte ich ganz neu anfangen und habe mit Paul eine Urlaubsreise nach Dänemark gemacht. Auf Lolland haben wir in einem kleinen Gasthof übernachtet. Dort habe ich einen Zettel gesehen: Koch gesucht. Ich habe mich gefragt, ob das vielleicht etwas für mich ist und mich sofort vorgestellt. Mit der Chefin und ihrem Mann habe ich mich sofort bestens verstanden und die Stelle auch wirklich bekommen! Sie sind von meinen Kochkünsten begeistert. Zuerst konnten Paul und ich sogar im Gasthof wohnen. Drei Monate später sind wir in ein kleines Haus mit 70m² Wohnfläche und Garten gezogen. Paul ist ein Jahr in den Integrationskindergarten gegangen und hat dort die Sprache gelernt. Dann konnte er eine normale dänische Schule besuchen. Heute fühlen wir uns auf Lolland zu Hause und möchten an keinem anderen Ort wohnen.

Stefan hat sich schon als Kind für andere Länder und Kulturen interessiert. Später hat ihn dann vieles in Deutschland gestört. Er erzählt: „In der Stadt war es immer so laut. Und als Familienvater haben mich die vielen Regeln im Hochhaus geärgert. Zum Beispiel durften wir keine Haustiere halten und Jenna wollte so gern einen Hund haben. Lisa, die aus Australien kommt, hat das oft mit ihrer Heimat verglichen, wo alles weit und offen ist. Schließlich haben wir uns für einen Umzug ans andere Ende der Welt entschieden: Wir haben unsere Wohnung und die Möbel verkauft und wollten in Australien ganz neu beginnen. Die ersten zwei Wochen haben wir bei einer Cousine von meiner Frau gewohnt. Danach haben wir einen Bungalow gemietet, sind aber schon ein Jahr später in unser neu gebautes Haus gezogen. Jetzt wohnen wir etwa 40 Minuten vom Zentrum von Sydney entfernt und können alle Wege in die Stadt mit dem Bus machen. Jenna darf ihren Hund haben und kann auf einer Farm reiten und ich selbst kann als begeisterter Jogger lange Strecken am Meer laufen. Ich denke, wir alle sind mit unserer neuen Heimat sehr zufrieden.

1. Sonja und Paul sind vom Land in die Stadt gezogen.	Richtig	Falsch
2. Sonja hat nie in Deutschland gearbeitet.	Richtig	Falsch
3. Sonja ist verheiratet.	Richtig	Falsch
4. Sonja hat eine gute Beziehung zu ihrer Chefin.	Richtig	Falsch
5. Sonja und Paul fühlen sich wohl in Dänemark.	Richtig	Falsch
6. Stefan und seine Familie sind nach Australien gezogen.	Richtig	Falsch
7. Stefan hat seinen Job in Deutschland verloren.	Richtig	Falsch
8. Stefans Frau Lisa kommt aus Australien.	Richtig	Falsch
9. Stefans Familie wohnt in einem Bungalow.	Richtig	Falsch
10. Stefans Familie gefällt die neue Heimat.	Richtig	Falsch

Vom Land in die Stadt 7

2 Wie war das Leben in dem deutschen Wohnhaus? Ergänzen Sie die Modalverben im Präteritum.

1. Jenna .... (wollen) einen Hund haben, aber sie .... (dürfen) nicht.
2. Alle .... (dürfen) die Waschküche nur einmal in der Woche benutzen.
3. Stefan und Lisa .... (müssen) einmal im Monat die Treppe reinigen.
4. Stefan .... (wollen) abends gern Musik hören, aber er .... (müssen) das Radio immer ganz leise stellen.
5. Nach 20 Uhr .... (können) Lisa nicht mehr Klavier spielen.
6. Alle Mieter .... (müssen) den Müll in verschiedene Container werfen.

3 Christina erzählt: ein Unfall in der Küche. Ergänzen Sie die Sätze.

Salbe – verbrannt – gekocht – Hausapotheke – Wunde – passiert – geklebt – losgerannt – Stelle – linken Hand – Pflaster – Wasser

Gestern haben meine kleine Schwester Sandra und ich Mama in der Küche geholfen. Zum Abendessen wollten wir Nudeln mit Soße und Salat machen. Mama hat die Nudeln .... ¹ und wollte sie auf den Tisch stellen, als im Flur das Telefon geklingelt hat. Mama ist in den Flur gegangen und Sandra hat ein paar Nudeln auf dem Herd gesehen. Sie wollte sie in den Topf zurücktun und ist mit ihrer Hand auf den heißen Herd gekommen und hat sich die Finger .... ². Sie hat geweint und ich bin schnell .... ³ und habe Mama geholt. Sie hat sofort verstanden, was .... ⁴ war. Sie hat Sandras Hand genommen und unter kaltes .... ⁵ gehalten. Sie haben die verbrannte .... ⁶ einige Minuten gekühlt, dann hat Mama die .... ⁷ gereinigt. Aus der .... ⁸ hat sie .... ⁹ und ein .... ¹⁰ geholt. Das hat sie auf Sandras Hand .... ¹¹. Dann konnten wir endlich essen – Sandra aber nur mit der .... ¹².

4 Stadt oder Land? Ergänzen Sie als oder wie.

1. Auf dem Land ist es ruhiger .... in der Stadt.
2. In der Stadt gibt es mehr Kulturangebote .... auf dem Land.
3. Auf dem Land gibt es genauso wenig Kindergartenplätze .... in der Stadt.
4. Auf dem Land ist die Luft viel sauberer .... in der Stadt.
5. In der Stadt braucht man nicht so oft ein Auto .... auf dem Land.
6. Die Miete ist in der Stadt viel höher .... auf dem Land.
7. Viele Deutsche leben lieber in der Stadt .... auf dem Land.
8. Familien mit Kindern finden das Leben auf dem Land besser .... in der Stadt.
9. Manche Menschen mögen Großstädte genauso wenig .... Dörfer.
10. Kleinstädte haben nicht so viel Dreck .... Großstädte.

8 Test
Kultur erleben

Name _____   Kurs _____   Datum _____   Punkte
insgesamt **40**

1 Kulturhauptstadt 2010: RUHR.2010. Lesen Sie die Texte und kreuzen Sie an: richtig oder falsch?   **12**

Für das Jahr 2010 wählte man nicht nur eine Stadt, sondern eine ganze Region zur Kulturhauptstadt Europas: Essen und das Ruhrgebiet. Unter dem Namen RUHR.2010 präsentierte sich Essen in 300 Projekten und 2500 Veranstaltungen als moderne kulturelle Metropole. Im 19. und 20. Jahrhundert lebte man im Ruhrgebiet fast nur von der Industrie. Heute stehen viele Fabriken leer. Man nutzt sie jetzt für kulturelle Angebote und Erholungsparks. Vier Beispiele aus dem Programm von RUHR.2010:

Sonderausstellung im Museum Folkwang in Essen
Rekonstruktion der Sammlung aus dem Jahr 1902, die das Museum im Nationalsozialismus nicht mehr zeigen durfte.
Geöffnet Di-So 10–20 Uhr, Fr 10–24 Uhr.

Route der Industriekultur mit dem Rad
700 km von Duisburg im Westen bis nach Hamm im Osten. Lernen Sie das frühere und heutige Leben im Ruhrgebiet kennen!

Die lange Nacht der Industriekultur: 19. Juni 2010
50 Veranstaltungsorte, 200 Events, eine Nacht: das Sommerfest in der Kulturhauptstadt Europas. Straßentheater, Musik, Artistik, Tanz und Lichtinstallationen von 18 Uhr bis 2 Uhr.

Festliche Eröffnung
am 9.1.2010 mit vielen offiziellen Gästen. Erste Präsentation von Herbert Grönemeyers Hymne „Komm zur Ruhr", die die Menschen in der Region feiert.

1. Dreihundert Städte wollten im Jahr 2010 Kulturhauptstadt werden.   Richtig   Falsch
2. Essen zeigt sich heute als moderne Kulturmetropole.   Richtig   Falsch
3. Das Ruhrgebiet hat sich seit dem 19. Jahrhundert stark verändert.   Richtig   Falsch
4. Die Fabriken nutzt man heute nur noch für Sportveranstaltungen.   Richtig   Falsch
5. Bei Radtouren durch das Ruhrgebiet kann man lernen, wie die Menschen dort früher gelebt haben.   Richtig   Falsch
6. Herbert Grönemeyer eröffnete die lange Nacht der Industriekultur.   Richtig   Falsch
7. Die aktuelle Ausstellung im Museum Folkwang ist jeden Tag bis Mitternacht geöffnet.   Richtig   Falsch
8. Das Sommerfest findet an zehn verschiedenen Orten statt.   Richtig   Falsch

2 Früher und heute. Ergänzen Sie die Verben im Präteritum.   **9**

1. 1900 _____ in Essen etwa 9000 Menschen; heute <u>leben</u> dort fast 600.000.
2. Im 19. Jahrhundert _____ die Menschen in kleineren Städten und Dörfern; heute <u>wohnt</u> fast die Hälfte in Großstädten.

18

Kultur erleben **8**

3. Früher .... man die Fabriken zur industriellen Produktion; heute <u>benutzt</u> man sie als Kulturzentren.

4. Früher .... es dort nur Landstraßen; heute <u>gibt</u> es Schnellstraßen.

5. Früher .... hier Deutsche und Migranten aus östlichen Regionen; heute <u>arbeiten</u> hier Menschen aus 170 Nationen.

6. Früher .... es vielen Menschen nicht so gut. Heute <u>geht</u> es den meisten gut.

3 Nora möchte Karten für ein Konzert bestellen. Bringen Sie den Dialog in die richtige Reihenfolge. | 7

Konzertkasse Philharmonie, Fink am Apparat. Was kann ich für Sie tun? **1**

Ja, ein paar Restkarten habe ich noch, aber die meisten sind schon verkauft. **2**

Ja, hier habe ich noch drei Karten im Parkett, Reihe B. **3**

Haben Sie eine BerlinCard? Dann bekommen Sie Ermäßigung. **4**

Dann kosten die Karten insgesamt 147 €. **5**

Sie müssen die Karten bis 19 Uhr abholen. Auf welchen Namen soll ich reservieren? **6**

Gut, Frau Mahner, dann bis Samstag. **7**

a Sehr gut. Bis wann müssen wir die Karten in der Philharmonie abholen?

b Oh, wirklich. Haben Sie noch drei Karten für mich?

c Nein, wir haben keine BerlinCard.

d Guten Tag, ich möchte wissen, ob Sie noch Karten für die Oper „Figaro" am Samstag haben?

e Ja, das klingt gut. Die nehmen wir. Was kosten die Karten?

f Auf Wiedersehen.

g Auf Nora Mahner, bitte.

4 Das Leben von Herbert Grönemeyer. Verbinden Sie die Sätze mit *als*. | 12

1. *Als* ...., ...
   Herbert Grönemeyer wurde 1956 geboren. Seine Familie wohnt in Göttingen.

2. *Als* .... , ...
   Die Familie ist nach Bochum gezogen. Herbert hat dort das Gymnasium besucht.

3. *Als* ...., ...
   Er war 15 Jahre alt. Er hat seine eigene Band gegründet.

4. .... , *als* ....
   Er hat Jura und Musikwissenschaften studiert. Er wurde musikalischer Leiter.

5. .... ,
   als ....
   Er hat als musikalischer Leiter gearbeitet. Er ist an das Theater in Bochum gegangen.

6. .... ,
   als ....
   Er war 25 Jahre alt. Er spielte er eine Hauptrolle in dem Film „Das Boot".

© 2016 Cornelsen Schulverlag GmbH, Berlin. Alle Rechte vorbehalten.

9 Test
Arbeitswelten

Name _____ Kurs _____ Datum _____ Punkte
insgesamt **40**

1 Weiterbildungsangebote. Lesen Sie die Anzeigen und ordnen Sie zu.   5

Offene Türen für Marketing-Berufe
Am 12. Juni präsentieren über 200 Betriebe der Stadt attraktive Umschulungen und Weiterbildungen zum Tag der offenen Tür im Kongresszentrum.
a

Praktikum
Sie machen eine Umschulung oder Weiterbildung und suchen eine Stelle für Ihr Praktikum in der Autoindustrie? Wir bieten befristete Praktika in Teil- oder Vollzeit. Ihr Profil: Gute Technik- und PC-Kenntnisse, Motivation und Teamgeist. BMW Group
c

ONLINE-MARKETING INTENSIV
Unser Online-Forum bietet vom 25. bis 29. Juli einen neuen Kurs als „Sommerakademie" an. An fünf Trainingstagen beschäftigen Sie sich mit allen wichtigen Fragen zum Thema Online-Marketing. Zertifikat für alle Teilnehmer.
e

Informationsveranstaltung für Medieninteressierte
Wollen Sie im Medienbereich arbeiten? Treffen Sie jeden Montagabend von 18–22 Uhr Lehrer und Studenten, die Ihnen Studiengänge und Ausbildungswege präsentieren.
b

Weiterbildung von A – Z
Sie haben Ihren Job verloren oder wollen endlich in Ihrem Traumberuf arbeiten? Auf alle Ihre Fragen finden Sie Antworten in unserem Handbuch „Weiterbildung von A – Z" mit vielen nützlichen Tipps und Adressen.
d

Sie wollen den richtigen Beruf für sich finden? Dann müssen Sie sich selbst kennen!
Was motiviert sie? Was können Sie besonders gut? Wo liegen Ihre persönlichen Stärken? Machen Sie unseren Online-Test „Neue Chancen im Beruf".
f

Abendkolleg: Herbstprogramm
Neue Kurse im Kommunikationsdesign, mit Akzent auf Layout und Produktion. Anmeldung online bis 30.08.
g

1. ☐ Sie wollen eine Umschulung machen und suchen einen Beruf, der zu Ihnen passt. Deshalb möchten Sie mehr über sich selbst wissen.
2. ☐ Sie wollen sich beruflich verändern und suchen ein Buch mit praktischen Informationen.
3. ☐ Für Ihre Umschulung zum Industriemechaniker müssen Sie ein Praktikum machen. Sie hoffen, dass Sie dabei Ihre Computerkenntnisse nutzen können.
4. ☐ Sie wollen wissen, welche Ausbildungsmöglichkeiten es in der Medientechnik gibt.
5. ☐ Sie arbeiten im Marketing und wollen diesen Sommer eine Weiterbildung machen.

2 Warum eine Umschulung? Verbinden Sie die Sätze mit *denn* oder *weil*.   8

1. ....
Ich mache eine Umschulung. In meinem alten Beruf sehe ich keine Chancen mehr. *(weil)*

2. ....
Ich will einen anderen Beruf lernen. Meine Arbeit ist langweilig. *(denn)*

3. ....
Ich bin arbeitslos. Mein früherer Betrieb musste schließen. *(denn)*

4. ....
Ich besuche einen Weiterbildungskurs. In meinem Beruf gibt es viel Neues. *(weil)*

Arbeitswelten 9

3 Madith informiert sich beim Abendkolleg über das Kursprogramm.
Ergänzen Sie: *hätte – hätten – könnte – könnten*.

1. Entschuldigung, ich .... gern eine Liste mit den Sprachkursen.
2. Ich möchte mich für den Spanischkurs anmelden. .... Sie bitte einen Kuli für mich?
3. Oder .... Sie mir die Online-Anmeldung erklären?
4. Wann .... ich mit Ihrem Kursberater sprechen?
5. .... Sie mir bitte einen Termin geben?
6. .... Sie vielleicht auch seine E-Mail-Adresse?

4 Bilden Sie aus den Verben Nomen und ergänzen Sie die Sätze.

1. Man kann immer umschulen. – Für eine .... ist es nie zu spät.
2. Man kann sich online anmelden. – Die .... ist auch online möglich.
3. Auch im Alter kann man noch Sprachen lernen.
   Für das .... von Sprachen ist man nie zu alt.
4. Als Fremdsprachensekretärin muss man viele E-Mails schreiben.
   Das .... von E-Mails gehört zu den wichtigsten Aufgaben in diesem Beruf.
5. Ich bewerbe mich um eine neue Stelle. – Ich schreibe eine ....

5 Personalexpertin Clara Boss: mit Erfolg bewerben. Ergänzen Sie die Sätze.

a) Anschrift   d) Bewerbung   g) Geburtsdatum   j) Kenntnisse
b) Ausbildung   e) Chancen   h) Gespräch   k) Lebenslauf
c) Berufserfahrungen f) Foto   i) Grammatik   l) Stellenanzeige

„Ein Personalchef bekommt oft tausend Antworten auf eine ☐ 1. Sie haben also nur ☐ 2 bei einer ganz perfekten ☐ 3. Die meisten Personalchefs sehen sich zuerst den ☐ 4 an, weil sie hier schnell Informationen zu dem Bewerber bekommen. Wichtig sind ein aktuelles ☐ 5 und Ihre persönlichen Daten wie Ihr Geburtsort und Ihr ☐ 6. Vergessen Sie bei der ☐ 7 nicht die Telefonnummer: Personalchefs wollen gute Bewerber oft schnell zu einem ☐ 8 einladen. Sehr wichtig ist Ihre ☐ 9: Fach- und Hochschulen, Kurse zur Weiterbildung und ☐ 10 in Fremdsprachen. Wählen Sie eine klare, persönliche Sprache, kontrollieren Sie genau die Rechtschreibung und ☐ 11 und denken Sie an Zertifikate und eine kurze Beschreibung von praktischen ☐ 12.

6 Berufswünsche. Ergänzen Sie die richtigen Formen von *werden*.

1. Du bist gut in Sprachen. Warum .... du nicht Dolmetscherin?
2. Ich will Journalist .... , weil ich gern Artikel schreibe.
3. Unser Fritz spielt gern mit Autos. Sicher .... er später Ingenieur!
4. Ich .... später Tierarzt. Ich liebe Tiere.

10 Test
Feste und Feiern

Name　　　　　　　　　　Kurs　　　　　　　　　　Datum　　　　　　　　　　Punkte

insgesamt **40**

1 Muttertag – Vatertag. Lesen Sie die Texte und kreuzen Sie an.　　　　　　　　　8

Viele Länder in der westlichen Welt feiern an einem Sonntag im Mai Muttertag. An diesem Tag bedanken sich die Kinder bei ihrer Mutter für ihre Liebe. Oft bereiten sie zusammen mit Papa ein leckeres Frühstück vor. Manchmal kochen sie auch gemeinsam ein besonderes Mittagessen oder laden die Mama in ein schönes Restaurant ein. Der Muttertag kommt aus den USA. In Deutschland haben ihn Blumenläden populär gemacht, die Plakate mit dem Text „Blumen für unsere Mutter" in die Schaufenster stellten. Auch heute noch sind Blumen das traditionelle Geschenk zum Muttertag, aber es gibt auch viele andere schöne Geschenkideen.

Wenn Sie Ihrer Mutter mit einem frischen Blumenstrauß gratulieren wollen, dann können Sie diesen mit feinster Schokolade oder einem schönen Buch kombinieren.
www.fleurop.de
Stichwort: Muttertag

MUTTERTAG-GESCHENKGUTSCHEIN
Für individuelle Wünsche: Mama kann sich bei einem Wellness-Wochenende, einem Musical-Abend oder einer kleinen Schiffsreise von ihrem Alltag erholen.

Auch der Vatertag kommt aus Amerika. Dort ist er heute sogar ein offizieller Feiertag. In Deutschland feiert man ihn zehn Tage nach dem Muttertag, oft mit kleinen Geschenken und einem Besuch im Restaurant. In einigen Regionen ist es aber auch ein reiner Männertag: Die Väter machen zusammen einen Ausflug und haben Spaß bei gutem Essen und Bier oder Wein. In Österreich geht man bei schönem Wetter gern mit der ganzen Familie wandern.

Was schenke ich meinem Papi zum Vatertag? Es muss nicht immer das teuerste und größte Geschenk sein. Vielleicht etwas für Papas Hobbys, z. B. eine Karte für ein Fußballspiel, eine schöne CD oder sogar eine Ballonfahrt?
www.ideen-fuer-geschenke.com

	Der Muttertag	Der Vatertag	Beide Feiertage	
1.				kommt/kommen aus Amerika.
2.				findet/finden im Frühling statt.
	Am Muttertag	Am Vatertag	An beiden Feiertagen	
3.				schenkt man meistens Blumen.
4.				gibt es verschiedene regionale Traditionen.
5.				hilft der Vater in der Küche.
6.				bekommen die Eltern Geschenke.
7.				macht man oft einen Ausflug.
8.				gibt es gutes Essen.

Feste und Feiern 10

2 Geschenke für die Eltern. Schreiben Sie Sätze.

1. ....
   Ich – schicken – meine Mutter – rote Rosen und ein Buch

2. ....
   Zum Vatertag – schenken – ich – mein Vater – ein guter Wein

3. ....
   Wir – kochen – unsere Eltern – immer – ein besonderes Essen

3 Ostern in Deutschland. Lesen Sie und streichen Sie die nicht-passende Präposition.

Lieber Masuyo,
du wolltest wissen, wie man in/~~nach~~⁰ Deutschland Ostern feiert. Ostern hat bei/zu¹ uns eine lange Tradition. Man feiert dieses Fest immer am/im² Frühling. Karfreitag und Ostermontag sind Feiertage, das heißt, niemand arbeitet und alle haben vier Tage frei. Zur Ostertradition gehört es Eier zu bemalen. Die bunten Eier hängen dann an/aus³ den Ostersträuchen und am/im⁴ Ostersonntag sucht man mit/von⁵ den kleinen Kindern die Ostereier. Zu/Nach⁶ einem Waldspaziergang gibt es oft bei/zu⁷ den Großeltern Lammbraten zum Mittagessen.
Liebe Grüße von/aus⁸ Deutschland,
dein Tom

4 Ergänzen Sie die passenden Personalpronomen im Dativ.

1. Was schenkst du deinen Eltern zu Weihnachten? – Ich schenke .... eine Reise.
2. Hast du deiner Mama die Fotos gezeigt? – Nein, ich habe .... die Fotos noch nicht gezeigt.
3. Was hast du deinen Kindern zu Ostern geschenkt? – Ich habe .... ein neues Spiel geschenkt.
4. Gibst du deinem Sohn schon Taschengeld? – Ja, ich gebe .... fünf Euro pro Woche.
5. Schickst du deinem Opa eine Weihnachtskarte? – Ja, ich schicke .... jedes Jahr eine Karte mit einem Bild von mir.
6. Gefällt dir dieses Kleid? – Ja, es gefällt .... sehr gut.
7. Hast du deinem Mann schon geantwortet? – Nein, ich muss .... noch eine SMS schreiben.
8. Bringst du mir bitte einen Kaffee? – Oh nein, ich muss gehen. Hol .... bitte selber einen.

5 Feste und Geschenke. Schreiben Sie Sätze mit *wenn*.

1. ....
   der Chef hat Geburtstag / man schenkt ihm einen Gutschein

2. ....
   Oma und Opa feiern Silberhochzeit / man gratuliert mit einem Gedicht

3. ....
   man hat Hochzeitstag / man geht zusammen essen

4. ....
   es ist Ostersonntag / wir verstecken die Eier

5. ....
   wir benutzen echte Kerzen für den Weihnachtsbaum / wir müssen vorsichtig sein

11 Test
Mit allen Sinnen

Name Kurs Datum Punkte
insgesamt **40**

1 Körpersprache als Beruf. Lesen Sie den Text und ordnen Sie zu. **8**

Schauspieler – Meister der Körpersprache

In unserem Forum *Theater aktuell* stellt sich heute der Künstler Frank Fischer aus St. Gallen vor:

„Schon mit acht Jahren hatte ich meine erste Rolle am Theater: Es war eine Komödie, in der ich einen Clown spielte. Später habe ich an einem Amateurtheater in vielen verschiedenen Stücken mitgespielt. Damals war das nur ein Hobby. Aber mit 15 Jahren habe ich im Zirkus den berühmten Schauspieler und Clown Dimitri gesehen und da war mir klar: Ich musste Schauspieler werden – aber einer, der gleichzeitig auch Clown und Akrobat ist. Deshalb wollte ich unbedingt nach der Schule auf die *Komödiantenschule* gehen, die Dimitri vor 30 Jahren in einem kleinen Dorf im Süden der Schweiz gegründet hat. Und ich habe es geschafft! An dieser besonderen Schule lernt man nicht nur schauspielern. Zu den Schulfächern gehören auch Tanzen, Singen und Akrobatik. Als Schauspieler muss man Emotionen nur mit dem Körper und dem Gesicht ausdrücken können, als Tänzer auch durch Bewegung. Es gibt eine gemeinsame Ausbildung für alle und viele andere Kurse, in denen man seinen eigenen Interessen folgen kann. Einige wählen z. B. Choreografie, manche auch Tanz oder Maskenspiel. Mit dieser Ausbildung konnte ich in der freien Theaterwelt leichter Arbeit finden. Am liebsten arbeite ich heute mit Menschen, die über die Grenzen des Theaters, der Musik und des Tanzes hinausgehen und etwas ganz Neues schaffen wollen."

Ein Clown war die erste Rolle, 1
Später war er bei einer Amateurgruppe, 2
In einem Zirkus hat er einen Clown gesehen, 3
Er hat einen Platz an der Dimitri-Schule bekommen, 4
Dort hat er viele Künste gelernt, 5
Dazu gehört auch Tanz, 6
Die Studenten können Kurse wählen, 7
Er arbeitet gern mit Menschen zusammen, 8

a mit der er verschiedene Stücke gespielt hat.
b die für einen Schauspieler wichtig sind.
c in der Frank auf der Bühne gestanden hat.
d mit dem man Emotionen durch Bewegung ausdrücken kann.
e die sie besonders interessieren.
f mit denen er nicht nur traditionelles Theater machen kann.
g der ihn sofort fasziniert hat.
h die in der Südschweiz liegt.

2 Die Dimitri-Schule. Markieren Sie weitere sechs Genitivformen im Text. **6**

Die Dimitri-Schule ist eine der bekanntesten Theaterschulen in der Schweiz. Sie liegt im Tessin, in der Mitte des Dorfes Verscio. Die Ruhe des Ortes schafft eine Arbeitsatmosphäre, die den Studenten nutzt. „Es war für mich eine echte Schule des Lebens", sagt Joelle aus Köln. „Am Anfang war es manchmal nicht leicht: Überall nur Berge und Wälder, man kann nur arbeiten, arbeiten, arbeiten. Die Disziplin an der Schule und die Kritik der Lehrer – das ist für viele nicht so einfach!" Jetzt geht Joelle nach Köln zurück und organisiert dort Projekte für Straßentheater. Viele Studenten der Schule finden Stellen in der Welt des Theaters oder haben eigene Schulen gegründet.

24

3 Kann man Gefühle imitieren? Ergänzen Sie die Wörter.

a) des Menschen – b) emotionalen – c) Gesichtsausdruck –
d) Trauer – e) nervös – f) ausdrücken – g) erschrecken – h) negative

Techniker der Universität Tokio haben einen Roboter gebaut, der die menschliche Mimik, also die Sprache des Gesichts, imitieren kann. Die Maschine hat viele kleine Motoren, mit denen sie positive und ☐¹ Gefühle der Menschen ☐² kann. So kann sie Freude oder ☐³ zeigen und entspannt oder ☐⁴ aussehen. Eine Kamera fotografiert den ☐⁵, den eine reale Person zeigt, und überträgt ihn auf den Roboter. Der Roboter kopiert dann die Emotionen ☐⁶. Die Techniker finden es schade, dass viele sich vor einer solchen Maschine ☐⁷ oder sogar Angst vor ihr haben. Deshalb wollen sie den ☐⁸ Roboter jetzt im Alltag testen.

4 Roboter. Schreiben Sie Relativsätze mit *in* oder *mit*.

1. ....
   Ein Roboter ist eine Maschine. Mit ihr kann man viele praktische Arbeiten machen.

2. ....
   Die Mimik sind Bewegungen des Gesichts. In ihnen zeigen sich die Gefühle der Menschen.

3. ....
   Der Roboter hat Bilder gespeichert. Mit ihnen imitiert er die menschliche Mimik.

4. ....
   Viele Leute haben Angst vor dem Robotergesicht. In ihm erkennen sie ihre eigene Mimik.

5. ....
   Die Techniker suchen Testpersonen. Mit ihnen wollen sie den Roboter im Alltag ausprobieren.

5 Strategien für den Alltag. Ergänzen Sie die Sätze.

Kurt Lanz ist seit seiner Geburt blind. Er erzählt von den Strategien, mit denen er sich im Alltag zurechtfindet: „Das Wichtigste für einen Blinden ist Ordnung. Ich (1) alle Dinge immer an den gleichen Platz, weil ich sie dann sofort wiederfinde. Mein Stock (2) immer hinter der Wohnungstür und meine Schuhe (3) ich neben den Stock. In der Küche (4) ich an die Lebensmittel nach dem Einkaufen Zettel mit Brailleschrift, also Blindenschrift. So weiß ich immer, was wo (5). Meine Arbeit kann ich zum Glück zu Hause machen. Ich (6) viele Stunden am Tag an meinem Computer, der eine Braille-Tastatur hat. Wenn ich meine Finger auf die Tasten (7), kann ich fühlen, was ich schreibe. Und mit dem Scanner, der neben dem Computer (8), kann ich Dokumente in den Computer einlesen. Und der liest sie mir dann vor. Das ist praktisch!"

1. a) ☐ lege   3. a) ☐ stehe   5. a) ☐ stellt   7. a) ☐ liege
   b) ☐ liege   b) ☐ stelle   b) ☐ steht   b) ☐ lege

2. a) ☐ steht   4. a) ☐ hänge   6. a) ☐ setze   8. a) ☐ steht
   b) ☐ stellt   b) ☐ sitze   b) ☐ sitze   b) ☐ stellt

12 Test
Erfindungen und Erfinder

Name Kurs Datum Punkte
insgesamt **40**

1 Auf der Erfindermesse. Lesen Sie den Text und kreuzen Sie an: richtig oder falsch? **8**

Fast 800 innovative Ideen werden auf der internationalen Erfindermesse gezeigt, die am nächsten Sonntag in Nürnberg eröffnet wird. Die Erfinder kommen aus 33 Ländern, die Hälfte davon aus Asien, und alle hoffen hier auf interessierte Besucher mit Geld und auf Kontakte zu Industrie und Wirtschaft. „Es gibt Erfinder, die denken, sie sind schon am nächsten Tag Millionäre", sagt Bruno Benz vom Erfinder-Club Ingolstadt. „Aber meistens ist es ein langer Weg von der Idee zur Produktion. Und nicht mit jeder Erfindung kann man Geld verdienen." Das stört die jüngeren Teilnehmer nur wenig – sie haben vor allem Spaß am Erfinden, das Geld ist ihnen egal. Manche sind nicht älter als elf Jahre und haben zusammen Maschinen gebaut, die man vielleicht nicht unbedingt braucht, die aber das Leben leichter machen. Da gibt es z. B. die automatische Fahrradklingel, die von einem Sensor aktiviert wird, oder das Ordnungssystem im Kühlschrank, das immer die Produkte nach vorn stellt, die bald gegessen werden müssen. Praktisch sind auch Solarmodule auf der Kleidung, mit denen Handys und MP3-Player mit Sonnenenergie benutzt werden können.
Die Messe ist jeden Tag von 10 bis 20 Uhr geöffnet, am Donnerstag sogar bis 22 Uhr. Am letzten Tag wird der kreativste Erfinder gewählt. Welche Idee den Besuchern wohl dieses Jahr am besten gefällt?

1. Auf der Nürnberger Erfindermesse kann man fast 800 Erfindungen sehen. — Richtig / Falsch
2. Die Erfinder wünschen sich eine Verbindung zur Industrie. — Richtig / Falsch
3. 50 % der Erfinder kommen aus Asien. — Richtig / Falsch
4. Alle Erfinder verdienen viel Geld. — Richtig / Falsch
5. Jüngere Erfinder wollen ihre Erfindungen vor allem schnell verkaufen. — Richtig / Falsch
6. Nicht alle Erfindungen werden unbedingt gebraucht. — Richtig / Falsch
7. Die Erfindermesse ist nur am Wochenende geöffnet. — Richtig / Falsch
8. Die Besucher wählen den Erfinder mit der originellsten Idee. — Richtig / Falsch

2 Erfindungen aus Deutschland. Schreiben Sie Sätze im Passiv Präteritum. **8**

1. *1880 wurde in Stuttgart der erste elektrische Aufzug gebaut.*
   1880 – in Stuttgart – der erste elektrische Aufzug – bauen

2. ....
   1903 – zum ersten Mal – Backpulver – benutzen

3. ....
   1910 – die erste Reiseschreibmaschine – entwickeln

4. ....
   1927 – die ersten Schnellkochtöpfe – von Hausfrauen – testen

5. ....
   1976 – die erste elektrische Zahnbürste – herstellen

3 Und wozu braucht man diese Erfindungen? Schreiben Sie Sätze mit *um ... zu* oder *damit*.

1. Man benutzt einen Aufzug, um schnell in die oberen Stockwerke zu kommen.
   Man benutzt einen Aufzug, ... (schnell – in die oberen Stockwerke – kommen)

2. ....
   Man benutzt Backpulver, ... (der Kuchen – nicht hart – werden)

3. ....
   Man braucht eine Reiseschreibmaschine, ... (unterwegs – Briefe – schreiben)

4. ....
   Man braucht einen Schnellkochtopf, ... (das Essen – schneller fertig – sein)

5. ....
   Man benutzt eine elektrische Zahnbürste, ... (die Zähne – besser – putzen)

4 Nürnberger Lebkuchen. Ergänzen Sie die Partizipien.

> ausgewählt – benutzt – gegessen – genannt – gerührt – gesammelt – geschickt – hergestellt – verpackt – weitergegeben

Nürnberg ist nicht nur die Stadt der Erfindermesse, sondern auch der Lebkuchen. Warum sie „Lebkuchen" ....¹ werden, ist nicht ganz klar. Sicher ist, dass Lebkuchen aus Honig, Eiern und Mandeln ....² werden. Jeder Bäcker hat sein eigenes Rezept, das von Generation zu Generation ....³ wird.

Lebkuchen werden gern in der Winterzeit ....⁴. Aber in Nürnberg beginnt die Herstellung schon im August, damit die Spezialität vor Weihnachten in die ganze Welt ....⁵ werden kann. In kleinen Bäckereien und zu Hause wird der Teig noch mit der Hand ....⁶, aber schon 1867 wurden Maschinen für die Produktion ....⁷.

Lebkuchen werden meist in schöne Dosen ....⁸, die mit Liebe ....⁹ werden. Diese Dosen werden auch von Leuten ....¹⁰, die keine Lebkuchen mögen.

5 *Werden* oder *wurden*? Bilden Sie Passivsätze im Präsens oder Präteritum.

1. ....
   Früher – Lebkuchen – mit der Hand – backen

2. ....
   In den modernen Großbäckereien – 2000 Lebkuchen pro Minute – herstellen

3. ....
   Die Dosen mit den Lebkuchen – in die ganze Welt – schicken

Gesamttest
Einheit 1–6

Name _____ Kurs _____ Datum _____ Punkte

insgesamt **10**

Lesen (ca. 30 Minuten)

Teil 1

Sie lesen in einer Zeitung diesen Text.
Wählen Sie für die Aufgaben 1 bis 5 die richtige Lösung a, b oder c.

Taschengeld – wie viel?

Mit Taschengeld lernen Kinder, was man mit Geld alles tun kann und was nicht. Aber wie viel sollen die Kinder bekommen? Dazu gibt es eine einfache Regel: einen Euro pro Woche in der ersten Klasse, zwei Euro pro Woche in der zweiten Klasse und so weiter. Bei kleineren Kindern kann man diskutieren, aber Experten meinen, dass man schon bei Vierjährigen beginnen kann. Wichtig ist, dass das Kind weiß, dass es sein Geld regelmäßig bekommt. Eltern sollen darum nicht plötzlich Extrageschenke machen, z. B. für die Hilfe im Haus oder im Garten. Denn in einer Familie ist die Hausarbeit eine Aufgabe für alle – und da gibt es kein Geld, nicht für die Eltern und auch nicht für die Kinder. Für mehr Tipps und Informationen rufen Sie unsere Familienberater von der Organisation „Kinder-Cash" an.

Beispiel

0   Kinder …
   a   brauchen kein Geld.
   b   können mit Geld nichts kaufen.
   ☒   lernen mit Geld umzugehen.

1   Kinder in der ersten Klasse …
   a   bekommen kein Taschengeld.
   b   bekommen wöchentlich einen Euro.
   c   bekommen monatlich einen Euro.

2   Experten meinen, …
   a   dass schon Vierjährige Taschengeld bekommen dürfen.
   b   dass auch Kinder unter vier Jahren Taschengeld bekommen dürfen.
   c   dass nur Schulkinder Taschengeld bekommen dürfen.

3   Eltern …
   a   sollen Hausarbeit extra belohnen.
   b   sollen keine extra Geschenke machen.
   c   sollen den Kindern unregelmäßig Geld geben.

4   In einer Familie …
   a   bezahlt man Hausarbeit nicht extra.
   b   sollen Kinder keine Hausarbeit machen.
   c   entscheiden die Kinder, wann und wie viel Geld sie bekommen.

5   „Kinder-Cash" …
   a   ist eine Bank für Kinder.
   b   verteilt Taschengeld an Kinder.
   c   ist eine Hilfsorganisation für Familien.

Teil 2

**Sie lesen die Informationstafel auf einer Buchmesse.
Lesen Sie die Aufgaben 6 bis 10 und den Text. In welche Halle gehen Sie?
Wählen Sie die richtige Lösung a, b oder c.**

Beispiel

0   Sie haben Ihren Regenschirm verloren.
    ☒ Halle A
    b Halle B
    c andere Halle

6   Sie suchen einen Reiseführer für Ihren Urlaub in Polen.
    a Halle A
    b Halle D
    c andere Halle

7   Sie suchen ein Buch über Yoga.
    a Halle C
    b Halle D
    c andere Halle

8   Sie suchen ein Buch für Ihre vierzehnjährige Enkelin.
    a Halle A
    b Halle D
    c andere Halle

9   Sie sind müde und wollen einen Kaffee trinken.
    a Halle B
    b Halle C
    c andere Halle

10 Sie haben Fragen zum Messeprogramm.
    a Halle A
    b Halle B
    c andere Halle

Was ist wo auf der Buchmesse?

Halle A: Post – Bank – Garderobe – Telefon – Information – Fundbüro

Halle B: Cafè – Bücher und Filme aus dem Gastland Schweden – Antiquariat

Halle C: Elektronische Bücher – Das Buchzentrum stellt sich vor – Taschenbücher – Kalender

Halle D: Reiseliteratur – Politik – historische Romane – Zukunftsromane und Science Fiction – Gesundheit und Sport

Halle E: Kinder- und Jugendbücher – Kriminalromane – Katalog der Universitätsbibliothek

Einheit 1–6

Teil 3

Sie lesen eine E-Mail.
Wählen Sie für die Aufgaben 11 bis 15 die richtige Lösung a, b oder c.

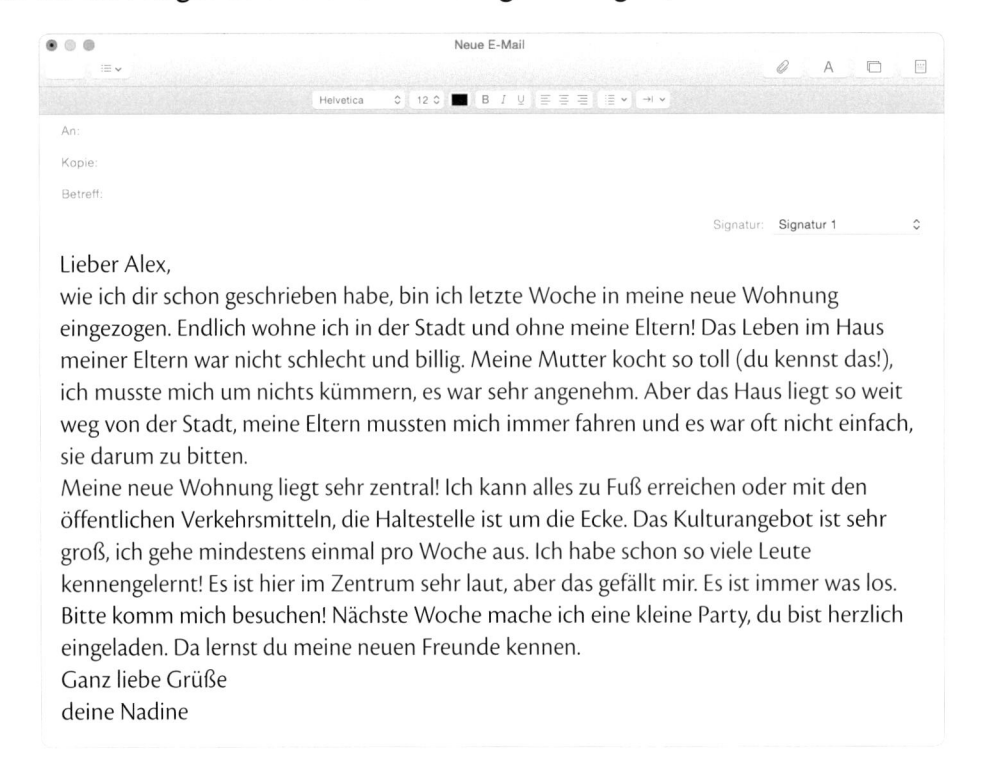

Lieber Alex,
wie ich dir schon geschrieben habe, bin ich letzte Woche in meine neue Wohnung eingezogen. Endlich wohne ich in der Stadt und ohne meine Eltern! Das Leben im Haus meiner Eltern war nicht schlecht und billig. Meine Mutter kocht so toll (du kennst das!), ich musste mich um nichts kümmern, es war sehr angenehm. Aber das Haus liegt so weit weg von der Stadt, meine Eltern mussten mich immer fahren und es war oft nicht einfach, sie darum zu bitten.
Meine neue Wohnung liegt sehr zentral! Ich kann alles zu Fuß erreichen oder mit den öffentlichen Verkehrsmitteln, die Haltestelle ist um die Ecke. Das Kulturangebot ist sehr groß, ich gehe mindestens einmal pro Woche aus. Ich habe schon so viele Leute kennengelernt! Es ist hier im Zentrum sehr laut, aber das gefällt mir. Es ist immer was los.
Bitte komm mich besuchen! Nächste Woche mache ich eine kleine Party, du bist herzlich eingeladen. Da lernst du meine neuen Freunde kennen.
Ganz liebe Grüße
deine Nadine

---

11 Nadine wohnt jetzt …
   a   bei ihren Eltern.
   b   in der Stadt.
   c   auf dem Land.

12 Nadines Umzug war …
   a   vor einer Woche.
   b   sehr angenehm.
   c   billig.

13 Das Leben mit ihren Eltern …
   a   war für Nadine nicht angenehm.
   b   hat Nadine nur Spaß gemacht.
   c   ist vorbei.

14 Die neue Wohnung von Nadine …
   a   ist nur mit dem Auto erreichbar.
   b   kann man sehr gut mit Bus und Bahn erreichen.
   c   hat Alex schon gesehen.

15 Nächste Woche …
   a   gibt es in der Wohnung eine Party.
   b   zieht Nadine um.
   c   geht Nadine aus.

Teil 4

**Sechs Personen suchen im Internet nach einem passenden Angebot.
Lesen Sie die Aufgaben 16 bis bis 20 und die Anzeigen a bis f.
Welche Anzeige passt zu welcher Person?
Die Anzeige aus dem Beispiel können Sie nicht mehr wählen.
Für eine Aufgabe gibt es keine Lösung. Markieren Sie so X.**

Beispiel

0 Sarah möchte eine lange Reise machen und Stress abbauen. **d**

16 Lina war länger krank. Jetzt will sie langsam wieder fit werden.

17 Peter hat in seinem Beruf unregelmäßige Arbeitszeiten. Darum will er seine zweijährige Tochter nicht in den Kindergarten schicken. Gibt es eine andere Möglichkeit?

18 Tom hat bei seiner Arbeit zu viel Stress, darum sucht er ab dem nächsten Monat einen neuen Job.

19 Noras sechsjähriger Sohn hat Probleme im Deutschunterricht. Wo gibt es Beratung und Hilfe?

20 Eva hat gehört, dass Tanzen Spaß macht und jung hält. Das möchte sie ausprobieren.

---

www.tageseltern.at

Wie Kind und Beruf verbinden? Wir finden für Sie die ideale Tagesmutter / den idealen Tagesvater. Anfrage bei der Regionalstelle von „Tagesmutter Steiermark", Graz. **a**

www.slowsport.de

Sie wollen langsam etwas für Ihre Gesundheit und Ihre Fitness tun? Chinesisches Tai-Chi ist eine beliebte Methode für Jung und Alt. Individuelle Beratung für spezielle Übungsprogramme. **c**

www.deutschhilfe.de

Ihr Kind hat Probleme beim Lesen und Schreiben? Unsere Selbsthilfegruppe diskutiert Wege, wie Eltern ihren Kindern am besten helfen können. **e**

www.arzthilfe.de

Für Mädchen und Frauen in schwierigen Situationen: individuelle Gespräche mit Therapeutinnen und Ärztinnen. Warten Sie nicht zu lange – machen Sie noch heute einen Termin aus! **b**

www.ayurveda-portal.de

Traditionelle Ayurverdakur in Südindien. Gymnastik, Massage und das Gespräch in der Gruppe helfen Ihnen bei Stress und Unruhe im Alltag. **d**

www.tanzspass.ch

Ob Rock'n'Roll, Hip-Hop, Jazzdance oder Schweizer Volkstanz – beim Tanzen trainieren Sie nicht nur Füße und Beine, sondern auch Kopf und Gefühl. **f**

Einheit 1–6

Hören (ca. 30 Minuten)

Teil 1

Sie hören fünf kurze Texte. Sie hören jeden Text zweimal.
Wählen Sie für die Aufgaben 1 bis 5 die richtige Lösung a, b oder c.

1 Wie heißt die Endhaltestelle von der Linie 10?
  a Hauptbahnhof.
  b Theaterplatz.
  c Universität.

2 Wer sucht Frau Schneider?
  a Die Nachbarn.
  b Die Polizei.
  c Der Mann von Frau Schneider.

3 Was soll man bei Erkältungen machen?
  a Vitamintabletten nehmen.
  b Weniger schlafen.
  c Viel trinken.

4 Wer ist Nora Bisang?
  a Die Kulturredakteurin.
  b Eine berühmte Musikerin.
  c Eine Musikschülerin.

5 Welche Neuheit wird in der Werbung präsentiert?
  a Das Kindervelo.
  b Der Mini-Scooter.
  c Das Elektrobike.

Teil 2

Sie hören ein Gespräch. Sie hören den Text einmal.
Welches Bild passt zu welchem Monat?

Wählen Sie für die Aufgaben 6 bis 10 ein passendes Bild aus a bis i.
Wählen Sie jeden Buchstaben nur einmal. Sehen Sie sich jetzt die Bilder an.

	0	6	7	8	9	10
Monat	April	Mai	Juni	Juli	August	September
Lösung	a					

Einheit 1–6

Teil 3

**Sie hören fünf kurze Gespräche. Sie hören jeden Text einmal.
Wählen Sie für die Aufgaben 11 bis 15 die richtige Lösung a, b oder c.**

11 Was hat sich die Frau gekauft?

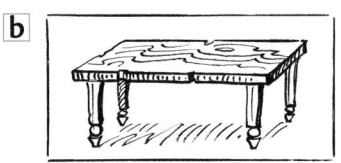

a | b | c

12 Was hat der Mann am Wochenende gemacht?

a | b | c

13 Was hat der Mann von seinem Chef bekommen?

a | b | c

14 Was fehlt im Koffer?

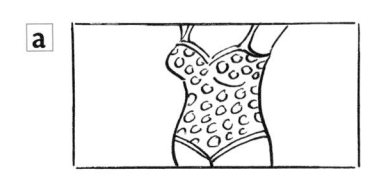

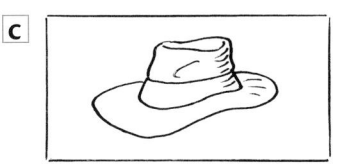

a | b | c

15 Welches Foto passt zu der Beschreibung?

a | b | c

Teil 4

**Sie hören ein Interview. Sie hören den Text zweimal.
Wählen Sie für die Aufgaben 16 bis 20 Ja oder Nein.**

Lesen Sie jetzt die Aufgaben.

Beispiel

0 Frau Bergmann wohnt in Hannover.
   ☒ Ja   ☐ Nein

16 Frau Bergmann hat viel Freizeit.
   ☐ Ja   ☐ Nein

17 Frau Bergmann reist beruflich viel.
   ☐ Ja   ☐ Nein

18 Frau Bergmann ist sportlich aktiv.
   ☐ Ja   ☐ Nein

19 Am Wochenende kann Frau Bergmann auch trainieren.
   ☐ Ja   ☐ Nein

20 Frau Bergmann hat manchmal Probleme sich zum Sport zu motivieren.
   ☐ Ja   ☐ Nein

Einheit 1–6

Schreiben (ca. 30 Minuten)

Teil 1

Sie sind im Urlaub und wollen eine Woche länger bleiben. Schreiben Sie Ihrem Freund Lukas eine SMS:

- Erklären Sie ihm, dass Sie länger bleiben.
- Schreiben Sie, warum.
- Nennen Sie Ihr neues Ankunftsdatum und die Uhrzeit.

Schreiben Sie 20-30 Wörter. Schreiben Sie zu allen drei Punkten.

Teil 2

Sie sind neu in der Firma und eine Kollegin, Frau König, möchte Sie besser kennenlernen. Sie hat Sie heute in ein Restaurant eingeladen. Schreiben Sie Frau König eine E-Mail:

- Bedanken Sie sich und sagen Sie, dass Sie heute nicht kommen können.
- Schlagen Sie einen anderen Tag vor.
- Fragen Sie nach dem Weg zu dem Restaurant.

Schreiben Sie 30-40 Wörter. Schreiben Sie zu allen drei Punkten.

Sprechen (ca. 15 Minuten)

Teil 1

Sie nehmen vier Karten und stellen mit diesen Karten vier Fragen. Ihr Partner / Ihre Partnerin antwortet.

| Name? | Sprachen? | Freizeit? | Familie? |

Teil 2

Sie bekommen eine Karte und erzählen etwas über Ihr Leben.

Aufgabenkarte A

Was machen Sie im Urlaub?
- Wo?
- Mit wem?
- Wann?
- Verkehrsmittel?

Aufgabenkarte B

Welche Medien benutzen Sie?
- Was?
- Wie oft?
- Warum?
- Ein Tag ohne Medien?

Teil 3

Sie möchten mit Ihrem Partner / Ihrer Partnerin in ein Konzert gehen. Finden Sie einen Termin.

Aufgabenkarte A

Mo	Di	Mi	Do	Fr
Arbeit 8–17 Uhr	Arbeit 8–17 Uhr	Arbeit 8–17 Uhr	Arbeit 8–17 Uhr	Arbeit 8–17 Uhr
Sport	Kino	frei	frei	Essen gehen mit Tom

Sa	So
Marathon	ausschlafen Geburtstag von Oma

Aufgabenkarte B

Mo	Di	Mi	Do	Fr
Arbeit 8–17 Uhr	Arbeit 8–17 Uhr	Arbeit 8–17 Uhr	Arbeit 8–17 Uhr	Arbeit 8–17 Uhr
frei	Sport	Tanzkurs	frei	Videoabend bei Elsa

Sa	So
frei	Flohmarkt frei

Gesamttest
Einheit 7–12

Name　　　　　　　　　Kurs　　　　　　　　　Datum　　　　　　　Punkte

insgesamt　**100**

Lesen (ca. 30 Minuten)

Teil 1

Sie lesen in einer Zeitung diesen Text.
Wählen Sie für die Aufgaben 1 bis 5 die richtige Lösung a, b oder c.

Ohne Probleme zurück in den Beruf?

Frauen und Männer, die nach einer Familienpause zurück ins Berufsleben wollen, finden oft nur schwer eine Stelle. Aber jetzt bekommen sie Hilfe im Internet. Unter www.perspektive-arbeitsmarkt.de findet man Informationen und Kontaktadressen von Beratungsstellen in vielen deutschen Städten. Wenn man mehr über seine beruflichen Chancen wissen möchte, kann man dort den persönlichen „Wiedereinstiegs-Check" machen. Bei diesem Test bekommt man viele nützliche Informationen, die zur eigenen Lebenssituation passen.

Andrea Neumann, 27, Chemikerin, erzählt: „Nach sieben Jahren Elternzeit wollte ich endlich wieder in meinem alten Beruf arbeiten. Der Test, den ich im Internet gemacht habe, hat mir aber sehr schnell gezeigt, dass ich bei meiner alten Stelle die Arbeitszeiten nicht gut mit dem Schulalltag von meinen Kindern verbinden konnte. Nach einigen Beratungsgesprächen habe ich deshalb eine Umschulung gemacht und arbeite heute wieder in meiner alten Firma – aber nicht mehr im Labor, sondern Teilzeit im Büro. Als Kauffrau für Bürokommunikation kümmere ich mich um den Kontakt mit Apotheken und Gesundheitszentren. Auch für diese Stelle sind die Kenntnisse aus meinem früheren Beruf sehr nützlich. Und nachmittags habe ich trotzdem noch Zeit für meine Kinder."

Beispiel

0　Frauen und Männer …
　☒　finden häufig nach einer Familienpause keine Stelle.
　b　bekommen nach einer Familienpause keine Hilfe.
　c　lernen mit Geld umzugehen.

1　www.perspektive-arbeitsmarkt.de …
　a　ist eine Beratungsstelle für Arbeitssuchende.
　b　gibt es in vielen deutschen Städten.
　c　ist eine Informationsseite für Arbeitssuchende.

2　Der persönliche „Wiedereinstiegs-Check" ….
　a　ermöglicht eine Umschulung.
　b　ist ein Test, der die aktuelle Lebenssituation und berufliche Perspektiven einschätzt.
　c　ist ein Test, der nur offline gemacht werden kann.

3　Andrea Neumann …
　a　hat sieben Kinder.
　b　war sieben Jahre zu Hause.
　c　hat sieben Jahre Berufserfahrung.

4　Der alte Job von Andrea Neumann …
　a　passt gut zum Schulalltag ihrer Kinder.
　b　gefällt ihr nicht mehr.
　c　hat zu lange Arbeitszeiten.

5　Andrea Neumanns neuer Job …
　a　passt gut zu dem Alltag mit Kindern.
　b　ist in einer neuen Firma.
　c　ist im Labor.

Gesamttest   Einheit 7 – 12

Teil 2

Sie lesen die Informationstafel in einem Einkaufszentrum.
Lesen Sie die Aufgaben 6 bis 10 und den Text. In welchen Stock gehen Sie?
Wählen Sie die richtige Lösung a, b oder c.

Beispiel

0   Sie brauchen Blumen für Ihre Freundin.
   ☒ a   EG
   ☐ b   2. Stock
   ☐ c   anderer Stock

6   Sie wollen Ihrer Mutter eine Reise nach Paris schenken.
   ☐ a   EG
   ☐ b   1. Stock
   ☐ c   anderer Stock

7   Für Ihren Mann suchen Sie einen guten französischen Rotwein.
   ☐ a   1. Stock
   ☐ b   2. Stock
   ☐ c   anderer Stock

8   Ihr Sohn wünscht sich ein neues Handy.
   ☐ a   EG
   ☐ b   1. Stock
   ☐ c   anderer Stock

9   Sie haben Kopfschmerzen und wollen Tabletten kaufen.
   ☐ a   EG
   ☐ b   2. Stock
   ☐ c   anderer Stock

10 Für Ihren Onkel wollen Sie eine Karte für das Weihnachtskonzert kaufen.
   ☐ a   EG
   ☐ b   2. Stock
   ☐ c   anderer Stock

Einkaufszentrum Rhein-Main

4. Stock: Parfümerie – Spielzeug – exotische Früchte – Schokolade und Süßigkeiten – Friseur

3. Stock: Elektronik – Telefone – Handtaschen – Damenbekleidung

2. Stock: Bücher – Schallplatten und CDs – Konzert- und Theaterkasse – Herrenbekleidung – Alkohol und Getränke

1. Stock: Kinderkleidung – Alles für den Sport – Schuhe und Strümpfe

EG: Information – Kaffeebar – Blumen – Post – Reisebüro – Erste-Hilfe-Station – Apotheke

Teil 3

Sie lesen eine E-Mail.
Wählen Sie für die Aufgaben 11 bis 15 die richtige Lösung a, b oder c.

Liebe Lisa,

du wolltest wissen, wie wir dieses Jahr Weihnachten feiern. Jetzt ist erst Mitte November, aber alle großen Geschäfte und Einkaufszentren sind schon weihnachtlich dekoriert. Überall kann man schon Weihnachtsdeko und Geschenke kaufen. Am 29. November eröffnet schon der Weihnachtsmarkt und bleibt bis zum 24. Dezember geöffnet. Es wird schon gegen fünf Uhr nachmittags dunkel, deswegen machen viele Lichter in der Stadt gute Laune!

Dieses Jahr fahren mein Freund Niklas und ich wieder zuerst zu meinen und danach zu seinen Eltern. Bei den Eltern von Niklas ist es immer laut und lustig. Seine Schwester hat drei Kinder und sie feiern jedes Jahr dort Weihnachten. Ich muss immer viele Geschenke besorgen. Bei meinen Eltern ist es ruhiger, ich bin doch ein Einzelkind und habe selbst noch keine Kinder. Den 24. Dezember, also den Heiligabend, verbringen wir immer bei meinen Eltern und fahren am nächsten Tag sehr früh zu Niklas' Eltern los. Dieses Jahr kommen meine Eltern sogar mit und besuchen die große Familie meines Freundes! Das wird lustig. Ich bin sehr gespannt und freue mich schon jetzt auf Weihnachten!

Dir wünsche ich auch eine fröhliche Vorweihnachtszeit! Schreib mir doch auch über deine Pläne.

Ganz liebe Grüße aus Köln
deine Corinna

---

11 Lisa wollte wissen …
- a ob Corinna dieses Jahr zu ihr kommt.
- b wie Corinna ihren Freund kennengelernt hat.
- c wie Corinna dieses Jahr Weihnachten feiert.

12 Mitte November …
- a wird es schon um fünf Uhr dunkel.
- b eröffnet der Weihnachtsmarkt.
- c kann man noch keine Weihnachtsgeschenke kaufen.

13 Corinna …
- a hat eine Schwester.
- b ist verheiratet.
- c hat einen Freund.

14 Dieses Jahr …
- a feiert Corinna mit Lisa Weihnachten.
- b sehen Corinnas Eltern die Eltern von Niklas.
- c feiern Corinna und ihr Freund Weihnachten nicht.

15 Am 24. Dezember …
- a ist Heiligabend.
- b eröffnet der Weihnachtsmarkt.
- c sind Corinna und ihr Freund zu Hause in Köln.

Teil 4

Sechs Personen suchen im Internet nach einem passenden Kulturangebot.
Lesen Sie die Aufgaben 16 bis bis 20 und die Anzeigen a bis f.
Welche Anzeige passt zu welcher Person?
Die Anzeige aus dem Beispiel können Sie nicht mehr wählen.
Für eine Aufgabe gibt es keine Lösung. Markieren Sie so X.

Beispiel

0 Lotta möchte zu einem Musikfest an den Bodensee fahren. — **c**

16 Annie und Klaus hören sehr gern alte Musik und möchte mehr über berühmte Komponisten lernen. Darum freuen sie sich über das reiche Angebot in mehreren deutschen und österreichischen Städten.

17 Ines möchte im August mehrere Wochen Urlaub nehmen. Sie liebt nicht nur Musik, sondern auch Film- und Tanzkunst.

18 Serge interessiert sich sehr für neue Filme und diskutiert diese gern mit anderen Filmfans.

19 Lukas und Martina mögen modernes Theater. Sie suchen Programme mit aktuellen Stücken.

20 Karin und Klaus wollen im Herbst eine Woche Urlaub in Wien machen und sich dort verschiedene Theateraufführungen ansehen.

---

www.ruhrfestspiele.de

Die Ruhrfestspiele Recklinghausen gehören zu den größten Theaterfestivals in Europa. Dieses Jahr mit internationalen Stars in modernen deutschen und amerikanischen Stücken. **a**

www.seebuehne-bregenz.de

SEEBÜHNE BREGENZ

Direkt in den Bodensee gebaut ist die Seebühne ein wunderschöner natürlicher Spielort für unsere Opern. Reiches kulturelles Programm in der ganzen Stadt mit Theater, Musik und vielen anderen Events. **c**

www.draussen-kino.ch

Internationales Filmfestival Locarno

Elf Tage im August im „schönsten Kinosaal unter freiem Himmel" auf der Piazza Grande. Projektion von Spiel- und Dokumentarfilmen. Jeden Abend Podiumsdiskussion für alle interessierten Filmfreunde. **e**

www.klassik-original.de

Konzerte und Opern vor 250 Jahren:

Wo Händel, Haydn und Mozart musiziert haben. Hören Sie ihre Musik an originalen Orten in Göttingen, Halle, Salzburg und Wien und informieren Sie sich in Museen und Ausstellungen über ihr Leben und ihre Arbeit. **b**

www.luzern-festival.ch

Luzern Festival

Sechs Wochen im August und September. Konzerte mit weltbekannten Orchestern, Solisten und Chören. Film- und Tanzabende, Meisterkurse und Ateliers für Kinder. **d**

www.wien-musik.at

Wiener Festwochen

Start am 14. Mai auf dem Rathausplatz. Sechs Wochen Gastspiele von internationalen Sängern und Orchestern. In diesem Jahr liegt ein besonderer Akzent auf der Klaviermusik. Schlusskonzert Ende Juni im Musikverein. **f**

Gesamttest Einheit 7–12

Hören (ca. 30 Minuten)

Teil 1
14–18

Sie hören fünf kurze Texte. Sie hören jeden Text zweimal.
Wählen Sie für die Aufgaben 1 bis 5 die richtige Lösung a, b oder c.

1 Wann dürfen keine Autos in der Stadt fahren?
  a Von 12 bis 18 Uhr.
  b Von 14 bis 16 Uhr.
  c Von 16 bis 24 Uhr.

2 Was sagen die Wetterexperten?
  a Es wird warm.
  b Die Autofahrer sollen aufpassen.
  c In Bayern gibt es Regen.

3 Wie verbringen die Deutschen ihre Freizeit?
  a Am liebsten mit Sport.
  b Sport ist so beliebt wie Lesen.
  c Am liebsten mit Gartenarbeit.

4 Welches Programm gibt es bei Deutschland-Radio Kultur?
  a Werke von jungen Komponisten.
  b Alte Musik.
  c Beliebte Musik aus Filmen.

5 Wie lange dauert das neue Radioprogramm?
  a Eine Stunde.
  b Eine halbe Stunde.
  c Zwei Stunden.

Teil 2
19

Sie hören ein Gespräch. Sie hören den Text einmal.
Welches Bild passt zu welchem Zeitpunkt?

Wählen Sie für die Aufgaben 6 bis 10 ein passendes Bild aus a bis i.
Wählen Sie jeden Buchstaben nur einmal. Sehen Sie sich jetzt die Bilder an.

	0	6	7	8	9	10
Zeitpunkt	1 Monat vorher	2 Wochen vorher	3–4 Tage vorher	Am Tag vorher	Am Morgen des Umzugstages	Am Sonntag nach dem Umzug
Lösung	a					

39

Gesamttest Einheit 7–12

Teil 3

Sie hören fünf kurze Gespräche. Sie hören jeden Text einmal.
Wählen Sie für die Aufgaben 11 bis 15 die richtige Lösung a, b oder c.

11 Was fehlt in der Wohnung?

a b c

12 Was war hier früher?

a b c

13 Was fehlt in der Bewerbung?

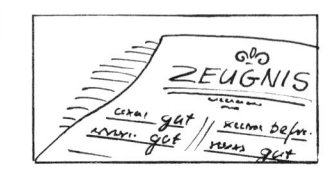

a b c

14 Was ist passiert?

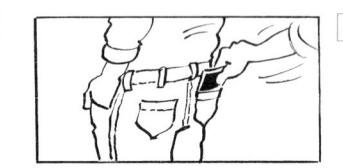

a b c

15 Wo liegt der Schlüssel?

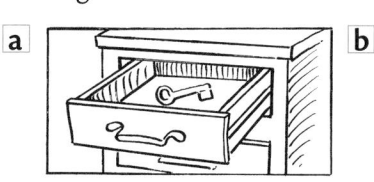

a b c

Teil 4

Sie hören ein Interview. Sie hören den Text zweimal.
Wählen Sie für die Aufgaben 16 bis 20 Ja oder Nein.

Lesen Sie jetzt die Aufgaben.

Beispiel
 0 Herr Gerlach ist arbeitslos
   Ja   ~~Nein~~

16 Der Großvater von ihm war Tischler.
   Ja   Nein

17 Herr Gerlach macht seit einem Jahr eine Ausbildung.
   Ja   Nein

18 Zweimal pro Woche ist Herr Gerlach im Betrieb tätig.
   Ja   Nein

19 Herr Gerlach geht gern in die Schule.
   Ja   Nein

20 Herr Gerlach muss noch zwei Jahre die Ausbildung machen.
   Ja   Nein

Gesamttest   Einheit 7–12

Schreiben (ca. 30 Minuten)

Teil 1

Sie sind krank und können nicht mit Ihrer Freundin Katja ins Kino gehen. Schreiben Sie ihr eine SMS:

- Erklären Sie ihr, dass Sie nicht mitkommen.
- Schreiben Sie, warum.
- Schlagen Sie einen neuen Termin vor.

Schreiben Sie 20–30 Wörter. Schreiben Sie zu allen drei Punkten.

Teil 2

Ihr Chef, Herr Geisel, hat alle Mitarbeiter der Firma zu einem Konzert eingeladen. Schreiben Sie Herrn Geisel eine E-Mail:

- Bedanken Sie sich und sagen Sie, dass Sie kommen.
- Fragen Sie, ob Sie jemanden mitbringen können.
- Fragen Sie nach dem Künstler.

Schreiben Sie 30–40 Wörter. Schreiben Sie zu allen drei Punkten.

Sprechen (ca. 15 Minuten)

Teil 1

Sie nehmen vier Karten und stellen mit diesen Karten vier Fragen. Ihr Partner / Ihre Partnerin antwortet.

| Wohnort? | Beruf? | Familienfeiern? | Reisen? |

Teil 2

Sie bekommen eine Karte und erzählen etwas über Ihr Leben.

Aufgabenkarte A

Was machen Sie abends?
- Ausgehen?
- Mit wem?
- Fernsehen?
- Freunde treffen?

Aufgabenkarte B

Was ärgert Sie im Alltag?
- Welche Situationen?
- Wie reagieren Sie?
- Wer hilft Ihnen?
- Was machen Sie dagegen?

Teil 3

Sie möchten mit Ihrem Partner / Ihrer Partnerin eine kranke Kollegin im Krankenhaus besuchen. Finden Sie einen Termin.

Aufgabenkarte A

Mo	Di	Mi	Do	Fr
Arbeit 8–17 Uhr	Arbeit 8–17 Uhr	Arbeit 8–17 Uhr	Arbeit 8–17 Uhr	Arbeit 7–14 Uhr
Markos Fußballspiel	Konzert	frei	frei	Kinobesuch m. Marko und Anna

Sa		So		
Weihnachtsmarkt mit Kollegen		ausschlafen Annas Geburtstag		

Aufgabenkarte B

Mo	Di	Mi	Do	Fr
Arbeit 8–17 Uhr	Arbeit 8–17 Uhr	Arbeit 8–17 Uhr	Arbeit 8–17 Uhr	Arbeit 8–17 Uhr
Sport mit Jasmin	frei	frei	Kino	frei

Sa		So		
Weihnachtsmarkt mit Kollegen		Joggen mit Mike frei		

Modelltest
Goethe-Zertifikat A2

Name Kurs Datum

Lesen (Zeit 30 Minuten)

Teil 1

Sie lesen in einer Zeitung diesen Text.
Wählen Sie für die Aufgaben 1 bis 5 die richtige Lösung a, b oder c.

Auf den Spuren von Franz Liszt

Anfang November 2015 startete im Burgenland, der Region im Osten von Österreich, das Projekt „Auf den Spuren von Franz Liszt". Das Ziel dieses Kulturprojekts ist es, das Leben des berühmten Komponisten und Klaviervirtuosen und sein Lebenswerk für die europäische Öffentlichkeit darzustellen.

Franz Liszt gehört zu den wichtigsten Komponisten des 19. Jahrhunderts. Er wurde am 22. Oktober 1811 in Raiding im österreichischen Burgenland geboren. Sein Vater war Ungar und seine Mutter Österreicherin. Schon als Kind zeigt Liszt großes musikalisches Talent und spielte bereits mit neun Jahren sehr erfolgreich Klavier.

1822 reiste Liszt mit seinen Eltern nach Wien. Hier unterrichteten ihn Carl Czerny und Antonio Salieri in Klavierspiel und Komposition. 1823 machte Liszt seine erste Reise nach Paris und gab dort viele Konzerte. In Paris lernte er auch andere Künstler, wie z. B. Victor Hugo, Heinrich Heine, Frédéric Chopin und Niccolò Paganini, kennen. Er heiratete die Gräfin Marie d'Agoult, die sechs Jahre älter war, und hatte mit ihr drei Kinder. 1843 trennte sich das Ehepaar.

Liszt machte viele Reisen durch Europa. Von 1848 bis 1861 lebte und arbeitete er in Weimar. Danach studierte er Theologie in Rom, gab Konzerte und unterrichtete Musik in vielen europäischen Städten. Franz Liszt ist am 31. Juli 1886 in Bayreuth gestorben. Im Februar 2005 hat in Erinnerung an den großen Musiker zum ersten Mal der Internationale Franz-Liszt-Wettbewerb für junge Pianisten in Weimar stattgefunden.

Beispiel

0 Burgenland ...
- [x] **a** ist die Heimat von Franz Liszt.
- [ ] **b** ist eine Region, die östlich von Österreich liegt.
- [ ] **c** ist eine Region in Ungarn.

1 In seiner Kindheit ...
- [ ] **a** lebte Franz Liszt in Ungarn.
- [ ] **b** spielte Franz Liszt Klavier.
- [ ] **c** komponierte Franz Liszt schon.

2 In Wien ....
- [ ] **a** hatte Franz Liszt Klavierunterricht.
- [ ] **b** ist Franz Liszt 1886 gestorben.
- [ ] **c** lebte die Familie ab 1822.

3 1823 ...
- [ ] **a** heiratete Franz Liszt.
- [ ] **b** reiste Franz Liszt zum ersten Mal nach Paris.
- [ ] **c** trennte sich Franz Liszt von seiner Frau.

4 Franz Liszt ...
- [ ] **a** war nie verheiratet.
- [ ] **b** war auch Musiklehrer.
- [ ] **c** lebte kurz in Weimar.

5 Das Leben von Franz Liszt ...
- [ ] **a** endetet unerwartet in Wien.
- [ ] **b** war kurz aber sehr erfolgreich.
- [ ] **c** war lang und erfolgreich.

Teil 2

Sie lesen die Informationstafel in einer Ausstellung.
Lesen Sie die Aufgaben 6 bis 10 und den Text. In welche Halle gehen Sie?
Wählen Sie die richtige Lösung a, b oder c.

Beispiel

0 Sie möchten ein neues Regal kaufen.
   - [x] a Halle B
   - [ ] b Halle E
   - [ ] c andere Halle

6 Sie interessieren sich für moderne Kaffeemaschinen.
   - [ ] a Halle A
   - [ ] b Halle D
   - [ ] c andere Halle

7 Sie suchen eine neue Wohnung.
   - [ ] a Halle B
   - [ ] b Halle D
   - [ ] c andere Halle

8 Sie haben eine sehr kleine Wohnung und brauchen neue Küchenmöbel.
   - [ ] a Halle C
   - [ ] b Halle E
   - [ ] c andere Halle

9 Sie haben einen großen Garten und kochen gern gesund.
   - [ ] a Halle A
   - [ ] b Halle C
   - [ ] c andere Halle

10 Sie müssen oft von zu Hause arbeiten.
   - [ ] a Halle B
   - [ ] b Halle D
   - [ ] c andere Halle

Ausstellung Wohnwelten

Halle A: Modernes Leben
Designermöbel – Die modernste Wohnung der Welt – Single-Wohnungen – Neubauhäuser – Das neue Wohnzimmer – Topmoderne Badezimmer

Halle B: Mein Zuhause – Mein Büro
Arbeitszimmer – Arbeiten und Wohnen in einem Raum – Praktische Büroeinrichtung – Regalsysteme – Schreibtischkombinationen – Bürostühle

Halle C: Leben auf dem Land / Grünes Wohnen
Landhäuser und Bauernhäuser – Grünes Wohnzimmer – Alles für den Garten – Kochen mit Obst und Gemüse aus dem eigenen Garten: Seminare und Kursanmeldung – Energiesparhäuser – Sonnenenergie auf dem Dach sammeln

Halle D: Alles für die Küche
Küchen für jeden Geschmack – Die kleinste Küche der Welt – Moderne Küchengeräte – Sichere Küchen für Haushalte mit Kindern

Halle E: Ein neues Zuhause – Umziehen leicht gemacht
Immobilienmarkt – Wohnungsanzeigen – Umzugsservice

Modelltest   Goethe-Zertifikat A2

Teil 3

**Sie lesen eine E-Mail.
Wählen Sie für die Aufgaben 11 bis 15 die richtige Lösung a, b oder c.**

Lieber Mike,
ich bin erst seit einer Woche in Wuppertal und habe schon so viel erlebt. Die Reise war gut, aber als ich in der Stadt angekommen bin, musste ich mich zuerst orientieren.
Ich bin gegen zwölf Uhr vormittags am Bahnhof angekommen. Da ich schon ein Zimmer gefunden hatte, hatte ich meine Adresse und musste nur den richtigen Bus finden. Das war auch nicht schwer, ich musste umsteigen und mit der Schwebebahn fahren. Das war ein tolles Erlebnis! Die Wuppertaler Hochbahn gibt es schon seit 1901! Man fährt nicht auf der Straße, sondern über der Stadt! Wenn du mich besuchen kommst, fahren wir gemeinsam damit!
Mein Zimmer ist sehr schön: hell und groß. Ich habe zwei Mitbewohner, sie sind auch hier zum Deutschlernen. Das Problem war, dass ich an einem Sonntag angekommen bin, aber sonntags haben alle Geschäfte in Deutschland zu. Es ist nicht möglich, sich etwas zu essen oder zu trinken zu kaufen. Das hat mich sehr überrascht. Mein Glück war, dass meine Mitbewohner mir alles erklärt haben und mich zum Essen eingeladen haben.
Meine Schule gefällt mir auch sehr gut. Wir haben sehr viele Hausaufgaben und meiner Meinung nach zu viele Studenten in einem Kurs. Aber mein Lehrer ist sehr gut, das finde ich super.
Wann kommst du nach Deutschland? Bitte schreib mir bald.
Liebe Grüße
deine Jacqueline

11 Jaqueline …
 a ist vor einer Woche in Wuppertal angekommen.
 b fährt in einer Wochen nach Hause.
 c zieht in einer Woche um.

12 Die Wuppertaler Schwebebahn …
 a fand Jaqueline laut.
 b fährt unter der Stadt.
 c fährt seit 1901.

13 Am Sonntag …
 a sind alle Geschäfte in Deutschland geschlossen.
 b kann man überall Lebensmittel kaufen.
 c ist Jaqueline hungrig ins Bett gegangen.

14 Im Deutschkurs …
 a gibt es kaum Hausaufgaben.
 b gibt es kaum Studenten.
 c gibt es viele Studenten.

15 Mike …
 a kommt sehr bald nach Deutschland.
 b bekommt eine E-Mail.
 c lernt mit Jaqueline Deutsch.

Modelltest Goethe-Zertifikat A2

Teil 4

Sechs Personen suchen im Internet nach einem passenden Jobangebot.
Lesen Sie die Aufgaben 16 bis bis 20 und die Anzeigen a bis f.
Welche Anzeige passt zu welcher Person?
Die Anzeige aus dem Beispiel können Sie nicht mehr wählen.
Für eine Aufgabe gibt es keine Lösung. Markieren Sie so X.

Beispiel

0   Sie sprechen mehrere Sprachen und suchen einen Teilzeitjob.   **f**

16 Peter ist ein Student aus England und sucht einen Nebenjob, er hat einen Führerschein und würde nachmittags und abends arbeiten.

17 Marina sucht einen zusätzlichen Job. Sie hat ein Auto, eine medizinische Ausbildung und kann nachmittags und am Wochenende arbeiten.

18 Martha sucht eine Vollzeitstelle. Sie hat keine Ausbildung und spricht nicht so gut Deutsch.

19 Boris braucht einen Nebenjob. Er kann nur abends arbeiten und hat Erfahrung mit Pflanzen.

20 Tamina sucht einen Nebenjob, sie kann nur vormittags arbeiten, da ihre Kinder in der Zeit bei einer Tagesmutter sind.

---

a
Gärtner gesucht. Nur abends, zweimal pro Woche bei privat. Bei Interesse E-Mail an:
gartenarbeit@lala.de

c
Unser Team braucht: **Krankenschwestern/-pfleger** mit Führerschein und PKW für Ahrensburg. 2–3 mal pro Woche ab 13 Uhr und Schichtdienst am Wochenende. Mindestens 1 Jahr Berufserfahrung. Informationen unter 04102/80659

e
Suche Putzfrau, dringend!
Zweimal pro Woche vormittags, je drei Stunden. Haus putzen und bügeln. Bitte unter 0177/7654236 melden.

b
Für unsere Zwillinge suchen wir eine nette, englischsprachige Babysitterin. Alter ist egal, aber bitte flexibel und mit Führerschein.
E-Mail: **einerschreitimmer@home.net**

d
Reinigungsfirma sucht Putzkräfte in Vollzeit. Keine Ausbildung erforderlich. Sie sollten gut Deutsch verstehen und etwas sprechen können. Weitere Infos unter **www.putzfee.de**

f
HOTELKAUFFRAU/ -MANN GESUCHT
Ab sofort, Teilzeit, flexibel, feste Einstellung möglich. Sie sprechen Deutsch, Englisch und eine weitere europäische Sprache, Sie haben drei Jahre Berufserfahrung, Sie sind freundlich und suchen einen sicheren Job? Dann rufen Sie uns an unter +43 5285 62377
Bewerbungen bitte bis 30.10. an info@zillgergrund.hotel.at

Modelltest   Goethe-Zertifikat A2

Hören (ca. 30 Minuten)

Teil 1

Sie hören fünf kurze Texte. Sie hören jeden Text zweimal.
Wählen Sie für die Aufgaben 1 bis 5 die richtige Lösung a, b oder c.

1 Was findet im Herbst in Essen statt?
   a Konzert von russischen Chören.
   b Klaviermusik von russischen Musikern.
   c Aufführung von einem russischen Gehörlosen-Theater.

2 Wer ist Kati Wilhelm?
   a Eine erfolgreiche Sportlerin.
   b Die Bundestrainerin für Biathlon.
   c Eine Sportlehrerin.

3 Warum soll man vorsichtig fahren?
   a Es hat einen Unfall gegeben.
   b Auf der Straße laufen Tiere.
   c Das Wetter ist schlecht.

4 Wie wird das Wetter in Westdeutschland?
   a Es wird schön bei 26°C.
   b Es regnet bei 30°C.
   c Es wird kälter.

5 Warum gibt es eine Programmänderung?
   a Ein österreichischer Autor ist gestorben.
   b Andreas Okopenko wird 80 Jahre alt.
   c Ein Sprecher ist krank geworden.

Teil 2

Sie hören ein Gespräch. Sie hören den Text einmal.
Welches Bild passt zu welchem Namen?

Wählen Sie für die Aufgaben 6 bis 10 ein passendes Bild aus a bis i.
Wählen Sie jeden Buchstaben nur einmal. Sehen Sie sich jetzt die Bilder an.

	0	6	7	8	9	10
Name	Susanne	Carla	Peter	Caroline	Stefan	Jana
Lösung	a					

Modelltest   Goethe-Zertifikat A2

Teil 3
32–36

**Sie hören fünf kurze Gespräche. Sie hören jeden Text einmal.
Wählen Sie für die Aufgaben 11 bis 15 die richtige Lösung a, b oder c.**

11 Wo ist die Deutsche Bank?

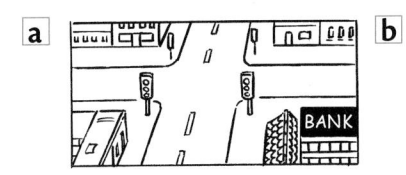

   a   b   c

12 Was gibt es heute zum Abendessen?

   a   b   c

13 Was macht der Mann beruflich?

   a   b   c

14 Was feiern die Leute?

   a   b   c

15 Was hat der Mann vergessen?

   a   b   c

Teil 4
37

**Sie hören ein Interview. Sie hören den Text zweimal.
Wählen Sie für die Aufgaben 16 bis 20 Ja oder Nein.**

Lesen Sie jetzt die Aufgaben.

Beispiel

0 Maurizio kommt aus Italien.
   Ja   ~~Nein~~

16 Maurizio lernt seit sieben Monaten Deutsch.
   Ja   Nein

17 Der Deutschkurs ist einmal pro Woche.
   Ja   Nein

18 Maurizio hat in Italien schon ein Studium abgeschlossen.
   Ja   Nein

19 Maurizio hat schon einen Platz an der Universität.
   Ja   Nein

20 Maurizio muss noch eine Sprachprüfung machen.
   Ja   Nein

© 2016 Cornelsen Schulverlage GmbH, Berlin. Alle Rechte vorbehalten.

Modelltest   Goethe-Zertifikat A2

Schreiben (ca. 30 Minuten)

Teil 1

Ihr Kind ist krank und Sie können nicht mit Ihrer Freundin ins Fitness-Studio gehen. Schreiben Sie Ihrer Freundin Helena eine SMS.

- Erklären Sie ihr, dass Sie nicht mitkommen.
- Schreiben Sie, warum.
- Schreiben Sie, ob Sie nächste Woche mitkommen.

Schreiben Sie 20–30 Wörter. Schreiben Sie zu allen drei Punkten.

Teil 2

Ihre Kollegin, Frau Meyer, verlässt die Firma und lädt alle Mitarbeiter zu einem Brunch am Sonntag ein. Schreiben Sie Frau Meyer eine E-Mail:

- Bedanken Sie sich und sagen Sie, dass Sie kommen.
- Fragen Sie, ob Sie etwas mitbringen sollen.
- Fragen Sie nach ihrer Adresse.

Schreiben Sie 30–40 Wörter. Schreiben Sie zu allen drei Punkten.

Sprechen (ca. 15 Minuten)

Teil 1

Sie nehmen vier Karten und stellen mit diesen Karten vier Fragen. Ihr Partner / Ihre Partnerin antwortet.

| Deutsch lernen? | Hobbys? | Lieblingsessen? | Arbeit? |

Teil 2

Sie bekommen eine Karte und erzählen etwas über Ihr Leben.

Aufgabenkarte A

Wie feiern Sie Ihren Geburtstag?
- Ausgehen?
- Mit wem?
- Geschenke?
- Gäste einladen?

Aufgabenkarte B

Kleidung kaufen?
- Online?
- In Geschäften?
- Wann und mit wem?
- Erfahrungen und Reklamationen?

Teil 3

Ihr Freund hat bald Geburtstag. Sie möchten mit Ihrem Partner / Ihrer Partnerin eine Party organisieren. Finden Sie einen Termin.

Aufgabenkarte A

Montag	
8–10 Uhr:	Besprechung
10–12 Uhr:	keine Termine
12–13 Uhr:	Mittagspause
13–15 Uhr:	Präsentation
15–17 Uhr:	keine Termine

Aufgabenkarte B

Montag	
8–10 Uhr:	keine Termine
10–12 Uhr:	keine Termine
12–13 Uhr:	Mittagspause
13–15 Uhr:	Telefonat mit Herrn Bukowski
15–17 Uhr:	Telefonkonferenz mit China

Antwortbogen Schriftliche Prüfung

Name   Kurs   Datum   Punkte

insgesamt **80**

Lesen

Teil 1	Teil 2	Teil 3	Teil 4
a b c	a b c	a b c	a b c d e f X
1	6	11	16
2	7	12	17
3	8	13	18
4	9	14	19
5	10	15	20

Ergebnis Lesen **20**

Hören

Teil 1	Teil 2	Teil 3	Teil 4
a b c	a b c d e f g h i	a b c	Ja Nein
1	6	11	16
2	7	12	17
3	8	13	18
4	9	14	19
5	10	15	20

Ergebnis Hören **20**

Schreiben

Teil 1

....
....
....
....
....
....

Teil 2

....
....
....
....
....
....

Ergebnis Schreiben **20**

Testbeschreibung und Bewertung

Das vorliegende Testheft bietet den Lehrenden zusätzliches Material, um den Lernfortschritt ihrer Kursteilnehmerinnen und Kursteilnehmer objektiv zu messen und zu beurteilen. Mit Hilfe der Tests können die Lernenden erkennen, was sie bereits beherrschen, in welchen Sprachbereichen ihre Stärken, aber auch ihre Schwächen liegen. Die Tests orientieren sich am Lehrwerk studio [21] A2 und folgen dessen Lernstoff und Themen.

Testbeschreibung

Tests zu den Einheiten

In den Tests zu den einzelnen Einheiten wird der Lernstoff der jeweiligen Einheit zusammenfassend überprüft. Die Tests enthalten Aufgaben zum Leseverstehen, Wortschatz, Schreiben und zu grammatischen Strukturen. Im Bereich Lesekompetenz wird globales und selektives Textverstehen überprüft, wozu natürlich auch Kenntnisse in Lexik, Morphologie und Syntax notwendig sind.

Gesamttests

Die Gesamttests fassen den Lernstoff von jeweils sechs Einheiten (jeweils ein Teilband) zusammen und enthalten Aufgaben zum Lese- und Hörverstehen, Schreiben und Sprechen, wobei alle bisher geübten rezeptiven und produktiven Fertigkeiten überprüft werden. Die Testformen entsprechen der Aufgabentypologie der Prüfung *Goethe-Zertifikat A2*.

Modelltest

Der Modelltest dient zur direkten Prüfungsvorbereitung und -simulation. Die Lernenden erhalten hier die Möglichkeit, ihre Sprachkenntnisse unter Prüfungsbedingungen (Zeit, Aufgabenformate, Sprachniveau) zu testen und einzuschätzen, ob sie die Prüfung *Goethe- Zertifikat A2* bestehen können. Der Modelltest besteht aus einer schriftlichen Einzelprüfung mit den Teilen *Lesen*, *Hören* und *Schreiben* sowie einer mündlichen Partnerprüfung.

Durchführung und Bewertung

Die einheitsbezogenen Tests und die Gesamttests (bis auf die mündliche Prüfung) können von den Lernenden auch allein durchgeführt werden, da Punktangaben und Lösungen eine selbstständige Evaluation erlauben.

Für die Durchführung der Tests empfehlen wir, die folgenden Zeiten vorzusehen:
einheitsbezogene Tests 30 Minuten
Gesamttests/Modelltest 105 Minuten

Durchführung der mündlichen Prüfung

Der Teil *Sprechen* wird in der Regel in einer Paarprüfung mit zwei Teilnehmenden und zwei Prüfenden abgelegt. In Ausnahmefällen, z. B. bei ungeraden Teilnehmerzahlen, wird der Teil *Sprechen* als Einzelprüfung durchgeführt.
In Teil 1 sollen die Lernenden mit Hilfe von vier Karten eine allgemeinsprachliche mündliche Interaktion oder ein Kontaktgespräch simulieren. Im 2. Teil sprechen die Lernenden monologisch über sich zu einem vorgegebenen Thema. In Teil 3 handeln die Lernenden anhand von vorgegebenen Seiten aus Terminkalendern einen Termin für eine gemeinsame Unternehmung aus.

Bewertung

Es kann maximal die folgende Gesamtpunktzahl erreicht werden:
einheitsbezogene Tests 40
Gesamttests/Modelltest 100

Das Ergebnis ist folgendermaßen zu interpretieren (Punkte = Prozent):

Sehr gut	100–90
Gut	89–80
Befriedigend	79–70
Ausreichend	69–60

		Messpunkte	Ergebnispunkte
Lesen	Teil 1	5	6,25
	Teil 2	5	6,25
	Teil 3	5	6,25
	Teil 4	5	6,25
Hören	Teil 1	5	6,25
	Teil 2	5	6,25
	Teil 3	5	6,25
	Teil 4	5	6,25
Schreiben	Teil 1	5 (Aufgabenerfüllung) 5 (Sprache)	6,25 6,25
	Teil 2	5 (Aufgabenerfüllung) 5 (Sprache)	6,25 6,25
Sprechen	Teil 1	2 (Aufgabenbewältigung) 2 (Sprache)	2 2
	Teil 2	4 (Aufgabenbewältigung) 4 (Sprache)	4 4
	Teil 3	4 (Aufgabenbewältigung) 4 (Sprache)	4 4
	Aussprache	5	5
Gesamt			**100**

Bewertungskriterien und Bewertungsskala für den Teil *Schreiben*

		A	B	C	D	E
Aufgabenerfüllung	Sprachfunktion	alle 3 Sprachfunktionen inhaltlich und umfänglich angemessen	2 Sprachfunktionen angemessen **oder** 1 angemessen und 2 teilweise	1 Sprachfunktion angemessen und 1 teilweise **oder** alle teilweise	1 Sprachfunktion angemessen **oder** teilweise	Textumfang weniger als 50 % (10 Wörter in Teil 1; 15 Wörter in Teil 2) der geforderten Wortanzahl **oder** Thema verfehlt
	Register	situations- und partneradäquat	weitgehend situations- und partneradäquat	ansatzweise situation- und partneradäquat	nicht mehr situations- und partneradäquat	
Sprache	Spektrum: Kohärenz Wortschatz Strukturen	angemessen und differenziert	überwiegend angemessen	teilweise angemessen	kaum angemessen	Text durchgängig unangemessen
	Beherrschung: Kohärenz Wortschatz Strukturen	vereinzelte Fehlgriffe beeinträchtigen das Verständnis nicht	mehrere Fehlgriffe beeinträchtigen das Verständnis nicht	mehrere Fehlgriffe beeinträchtigen das Verständnis teilweise	mehrere Fehlgriffe beeinträchtigen das Verständnis erheblich	

Quelle: Abbildung 32: Goethe-Zertifikat A2, Bewertungskriterien für den Prüfungsteil *Schreiben*

	Teil 1	Teil 2
A	5 Punkte	5 Punkte
B	3,5 Punkte	3,5 Punkte
C	2 Punkte	2 Punkte
D	0,5 Punkte	0,5 Punkte
E	0 Punkte	0 Punkte

Quelle: Abbildung 33: Goethe-Zertifikat A2, Bewertungsskala Prüfungsteil Schreiben

Bewertungskriterien und Bewertungsskala für den Teil *Sprechen*

		A	B	C	D	E
Aufgabenerfüllung	Sprachfunktion	angemessen	überwiegend angemessen	teilweise angemessen	kaum angemessen	Gesprächsanteil nicht bewertbar
	Interaktion	angemessen	überwiegend angemessen	teilweise angemessen	kaum angemessen	
	Register	situations- und partneradäquat	weitgehend situations- und partneradäquat	ansatzweise situations- und partneradäquat	nicht mehr situations- und partneradäquat	
Sprache	Spektrum: Wortschatz Strukturen	angemessen und differenziert	überwiegend angemessen	teilweise angemessen	kaum angemessen	Äußerung durchgängig unangemessen
	Beherrschung: Wortschatz Strukturen	vereinzelte Fehlgriffe beeinträchtigen das Verständnis nicht	mehrere Fehlgriffe beeinträchtigen das Verständnis nicht	mehrere Fehlgriffe beeinträchtigen das Verständnis teilweise	mehrere Fehlgriffe beeinträchtigen das Verständnis erheblich	
Aussprache	Satzmelodie Wortakzent einzelne Laute	einzelne Abweichungen beeinträchtigen das Verständnis nicht	systematisch vorkommende Abweichungen beeinträchtigen das Verständnis nicht	Abweichungen beeinträchtigen das Verständnis stellenweise	starke Abweichungen beeinträchtigen das Verständnis erheblich	nicht mehr verständlich

Quelle: Abbildung 35: Goethe-Zertifikat A2, Bewertungskriterien für den Prüfungsteil *Sprechen*

	Teil 1	Teil 2	Teil 3	Aussprache
A	2 Punkte	4 Punkte	4 Punkte	5 Punkte
B	1,5 Punkte	3 Punkte	3 Punkte	3,5 Punkte
C	1 Punkte	2 Punkte	2 Punkte	2 Punkte
D	0,5 Punkte	1 Punkte	1 Punkte	0,5 Punkte
E	0 Punkte	0 Punkte	0 Punkte	0 Punkte

Quelle: Abbildung 36: Goethe-Zertifikat A2, Bewertungsskala Prüfungsteil Sprechen

Hörtexte

Gesamttest Einheit 1–6

Nummer 1

Liebe Fahrgäste, wir haben unseren Service weiter für Sie verbessert. Wir haben ab Montag eine neue Buslinie für Sie! Die Buslinie 10 fährt alle 20 Minuten vom Theaterplatz ab. Sie fährt über den Hauptbahnhof bis zur Universität. Wir wünschen Ihnen eine gute Fahrt!

Nummer 2

Die Polizei bittet um Ihre Hilfe. Wir suchen Frau Elsa Schneider. Nachbarn von Frau Schneider sagen, dass sie am Dienstagnachmittag mit einem Koffer aus ihrer Wohnung gegangen ist. Danach hat man sie nicht mehr gesehen. Frau Schneider ist 77 Jahre alt, sie trägt einen langen schwarzen Mantel, einen kleinen Hut mit Blumen und weiße Schuhe. Informationen an jede Polizeistation.

Nummer 3

Viele Menschen haben im Winter eine schwere Erkältung. Das Gesundheitsamt gibt besonders älteren Menschen diese Tipps: Schlafen Sie nachts mindestens acht Stunden und machen Sie auch am Nachmittag eine kurze Pause. Trinken Sie mindestens ein bis zwei Liter Wasser oder Tee pro Tag und essen Sie viel frisches Obst mit Vitamin C. Dies war ein Service von Ihrem Gesundheitsamt. Bleiben Sie gesund.

Nummer 4

Ein Tipp für Musikfreunde: Heute Abend um 18.15 Uhr spricht unser Kulturredakteur Klaus Zabel in unserem Programm „Musik für alle" mit der berühmten Musikerin Nora Bisang. Nora Bisang ist nicht nur Musikerin – sie gibt auch Gitarrenunterricht. Heute stellt sie eine ganz neue Methode vor, wie Kinder und Jugendliche ganz leicht Gitarre spielen lernen können.

Nummer 5

Fahrräder für jedes Alter! Diese Woche in unserer Werbung: Mini-Scooter, speziell für Kinder bis 20 Kilogramm. Kindervelo, das erste Fahrrad für die Kleinsten. Jugendfahrräder für den Schulweg oder die Freizeit. Und ganz neu: Elektrobikes – Fahrräder mit Elektromotor. So wird Fahrradfahren ganz einfach und bequem.

Nummer 6 bis 10

+ Du Nina, ihr habt uns doch für eine Woche in eure Ferienwohnung in den Salzburger Alpen eingeladen. Wann ist es denn da am schönsten?
– Das kann man nicht so einfach sagen. Offiziell dauert die Saison von Ostern bis September, manchmal bis Anfang Oktober.
+ Also können wir im April schon kommen?
– Lieber nicht. Da gibt es oft noch den letzten Schnee.
+ Und im Mai?
– Der Mai ist ein sehr schöner Monat in den Alpen. Alles wird grün und es gibt viele Frühlingsblumen. Aber es ist auch oft noch ziemlich kalt.
+ Hm, im Juni können wir leider nicht wegfahren. Da müssen wir im Garten arbeiten. Du weißt ja, wir haben so viele Sommeräpfel und Kirschen. Und später im August kommen dann die Tomaten. Aus den Tomaten mache ich immer Tomatensoße für den Winter.
– Ist das denn sooo wichtig?
+ Ja, kannst du das nicht verstehen? Ihr habt doch auch einen Garten! Und es bleiben ja immer noch der Juli und der September.
– Den Juli finde ich nicht so gut. Da sind zu viele Touristen in unserem Dorf. Dann kommt besser im September: Da ist die Luft klar und man kann die Berge sehr gut sehen.
+ Super, dann hole ich gleich den Kalender und wir suchen uns eine Woche aus.

Nummer 11

+ Was hast du für deine neue Wohnung in der Stadt gekauft?
– Ich wollte mir einen neuen Tisch kaufen, aber meine Eltern haben mir einen tollen Holztisch geschenkt. Ich musste nur vier Stühle kaufen.
+ Da hast du aber Glück gehabt!

Nummer 12

+ Du wolltest am Wochenende Sport machen. Wie war es?
– Das habe ich leider nicht geschafft, weil meine Frau zwei Konzertkarten gekauft hat und wir ins Konzert gegangen sind.
+ Und wie war es?
– Es war wirklich toll! Heute muss ich aber zum Sport gehen!

Nummer 13

+ Hast du ein neues Handy?
– Nein, das ist das Handy von meiner Frau, ich muss es heute reparieren lassen. Aber ich habe ein neues Notebook!
+ Echt? Warum das denn?
– Unser Chef hat es mir gegeben. Mein altes war kaputt.

Nummer 14

+ Oh nein, ich glaub', ich habe meinen Hut vergessen.
– Wirklich?! Bei der Hitze brauchst du mit Sicherheit einen Hut.
+ Oh doch, hier ist mein Hut!!!
– Na, da hast du aber Glück gehabt! Jetzt finde ich meine Brille nicht.

+ Hast du deine Brille vergessen? Das ist doch nicht schlimm ... Dann kaufst du dir hier eine.

Nummer 15

+ Schau mal, das ist meine Familie. Hier oben sind meine Großeltern, das sind die Eltern von meiner Mama.
– Und das bist du?
+ Ja, da war ich noch ein Baby. Ich sitze bei meiner Mama auf dem Schoß. Rechts von mir ist meine ältere Schwester. Und neben ihr steht mein Papa.
– Und wer ist das? Links von deiner Mama?
+ Das ist mein Onkel. Damals war er noch nicht verheiratet.
– Ein schönes Foto!

Nummer 16 bis 20

+ Guten Tag, können Sie sich bitte vorstellen?
– Ja. Ich heiße Maria Bergmann und ich wohne hier in Hannover.
+ Frau Bergmann, was machen Sie in Ihrer Freizeit?
– Ich habe nicht sehr viel Freizeit. Beruflich bin ich viel unterwegs und muss oft verreisen. Dann ruhe ich mich zu Hause lieber aus. Aber ich mache gern Sport.
+ Welche sportlichen Aktivitäten machen Sie genau?
– Ich gehe in ein Fitness-Studio. Das Studio ist rund um die Uhr geöffnet, außer am Wochenende. Es gibt auch ein Schwimmbad, ich schwimme sehr gern und viel.
+ Und wie oft machen Sie das?
– Mindestens einmal pro Woche. Wenn ich unterwegs bin, dann besuche ich Fitnessräume in den Hotels.
+ Ist es nicht anstrengend nach der Arbeit noch Sport zu machen? Wie motivieren Sie sich?
– Es ist nicht immer einfach, da haben Sie recht! Aber ich sitze sehr viel am Computer und brauche den Ausgleich. Wenn ich eine Woche lang keinen Sport mache, fühle ich mich nicht gut.
+ Vielen Dank, Frau Bergman für das Gespräch und alles Gute!
– Danke schön!

Gesamttest
Einheit 7–12

Nummer 1

Und nun noch eine aktuelle Information von der Leipziger Polizei: Weil das Bach-Festival heute Abend eröffnet wird, dürfen in der Innenstadt von 16 bis 24 Uhr keine Autos fahren. Bitte benutzen Sie die Straßenbahn, Linie 2, 4 oder 6, oder die Busse 12, 14 und 18. Für Besucher aus anderen Städten gibt es einen Shuttle-Service vom Busbahnhof.

Nummer 2

Und jetzt zum Wetter: Das schlechte Wetter aus dem Norden kommt schon heute Vormittag nach Deutschland. Ab Mittag schneit es in Hamburg, später auch an Rhein und Neckar. Es wird extrem kalt für die Jahreszeit mit Temperaturen von 2 bis 6 Grad in der Nacht. In Bayern sogar unter Null. Autofahrer bitte langsam fahren!

Nummer 3

Das Institut Infratest hat eine Umfrage zu den Hobbys von Männern und Frauen in Deutschland gemacht. Jetzt weiß man: 35 % verbringen ihre Freizeit am liebsten mit Sport. Bei den Männern sind es sogar 40 %. Auf Platz 2 steht das Lesen, das bei den Frauen beliebter ist als bei den Männern, und auf Platz 3 und 4 stehen die Musik und die Arbeit im Garten.

Nummer 4

Und jetzt hören Sie bei Deutschland-Radio Kultur unser Sonntagskonzert – direkt aus der Stuttgarter Liederhalle. Es spielt das Süddeutsche Jugendorchester. Auf dem Programm: Beliebte Filmmusik aus den letzten 50 Jahren.

Nummer 5

Und für alle, die sich für Gesundheitsfragen interessieren, bietet Info-Radio ab nächster Woche ein neues Programm: „Du und dein Körper". Jeden Dienstag von 18 Uhr bis 18.30 Uhr, mit Ärzten und Krankenschwestern, die viele Informationen und gute Tipps für Sie haben. Interessierte Hörer können uns ihre Fragen vorher schicken.

Nummer 6 bis 10

+ Felix Zanger.
– Hallo, Felix, hier ist Linda.
+ Hallo, Linda. Wie geht`s?
– Ach, ganz gut, aber wir haben im Moment sehr viel Stress, weil wir bald umziehen. Darum rufe ich auch an: Ich habe gedacht, du hast vielleicht ein paar gute Tipps für mich, weil ihr letztes Jahr ja auch umgezogen seid. Habt ihr alles allein gemacht oder habt ihr eine Umzugsfirma genommen?
+ Wir haben die Firma Umzugsexperten engagiert. Aber wir mussten auch so noch viel selbst machen.
– Das glaube ich! Wie habt ihr denn alles organisiert?
+ Also, wir haben früh angefangen und schon einen Monat vorher einen genauen Zeitplan für alles gemacht.
– Ja, das ist bestimmt sehr nützlich.
+ Ganz sicher! Ich weiß nicht, ob ihr auch so viele alte Sachen habt, aber wir haben schon zwei Wochen vorher alles sortiert und eingepackt und dann auch viele alte Sachen weggeworfen.
– Ohje, das ist schwierig für uns.
+ Ja, das ist es leider immer. Wir haben auch einen Plan von dem neuen Haus gemacht und aufgeschrieben, wo alle Möbel stehen sollen.
– Das wissen wir jetzt schon.
+ Ja, aber ihr müsst den Plan drei bis vier Tage vorher den Leuten von der Umzugsfirma geben. Und noch etwas: Habt ihr auch an einen Babysitter gedacht?

– Zum Glück haben wir meine Mutter. Wir bringen die Kinder am Tag vorher zu ihr.
+ Ja, das ist sicher besser für sie – und für euch auch. Und noch ein Tipp: Koch am Morgen des Umzugstages viel Kaffee! Ihr braucht sicher viel Energie!
+ Ja, das glaube ich auch. Hoffentlich funktioniert das alles bei uns! Vielen Dank für deine Hilfe. Habt ihr am 25. Juli Zeit? Das ist der Sonntag nach dem Umzug. Da feiern wir unsere Willkommensparty. Du und deine Frau seid natürlich herzlich eingeladen.
+ Ja, danke, da kommen wir gerne.

Nummer 11

+ Guten Tag, mein Name ist Adelia Rozzero. Ich interessiere mich für die Wohnung am Park. Ist die Wohnung noch frei?
– Guten Tag. Ja, sie ist noch zu haben. Möchten Sie die Wohnung sehen?
+ Ja, gerne. Aber zuerst möchte ich wissen, ob die Wohnung eine Einbauküche hat.
– Nein, leider nicht. Aber die Wohnung hat einen Südbalkon!
+ Ok, dann würde ich die Wohnung gerne sehen.

Nummer 12

+ Oh wow! Was ist denn hier passiert? Hier war doch früher ein Supermarkt!
– Du warst aber lange nicht mehr da. Der Supermarkt ist schon lange weg! Jetzt ist hier der neue Park.
+ Sieht gut aus!

Nummer 13

+ Turan Ozgün.
– Guten Tag, Herr Turan. Maibach, Firma „Stahl". Sie haben uns Ihre Bewerbung geschickt.
+ Ja, guten Tag. Das ist richtig.
– Leider fehlt in Ihrem Lebenslauf ein Bild von Ihnen.
+ Oh, das tut mir aber leid. Ich schicke Ihnen morgen ein aktuelles Bild von mir.
– Das wäre ganz nett. Vielen Dank.
+ Ich danke Ihnen, Frau Maibach.

Nummer 14

+ Hallo Anna, was ist passiert? Du siehst so traurig aus.
– Oh, meine Geldtasche ist weg ... Jemand hat mein Portemonnaie geklaut.
+ Was?! Warst du schon bei der Polizei?
– Nein, noch nicht. Das ist gerade eben passiert.
+ Das tut mir aber leid, Anna ...

Nummer 15

+ Ina, wo ist mein Autoschlüssel?
– Das weiß ich doch nicht. Ich habe deinen Schlüssel nicht genommen.
+ Doch, doch. Du hattest mein Auto gestern Abend.
– Ach ja, stimmt. Warte mal ... den habe ich auf den Tisch im Wohnzimmer gelegt.
+ Der liegt doch immer in der Schublade.

– Nein, der liegt bestimmt noch auf dem Tisch im Wohnzimmer.

Nummer 16 bis 20

+ Herr Gerlach, Sie machen jetzt eine Ausbildung zum Tischler. Warum haben Sie diesen Beruf ausgesucht?
– Ja, mein Opa war auch Tischler und das hat mich immer fasziniert. Er hat tolle Möbel gebaut.
+ Wann haben Sie mit der Ausbildung angefangen?
– Vor einem Jahr, gleich nach der Realschule.
+ Erzählen Sie doch mal, wie Ihr Alltag aussieht. Was machen Sie genau?
– Dreimal pro Woche bin ich in der Werkstatt, da lerne ich, wie man Möbel baut. Wir arbeiten meistens mit Holz. Ich lerne auch, welche Holzsorten es gibt. Das ist wichtig in unserem Beruf.
+ Und was lernen Sie in der Schule?
– Ja, ich muss leider auch zweimal pro Woche in die Schule. Das mache ich nicht so gern. Da haben wir viele Fächer: Mathe, Bio, Deutsch usw. Wir schreiben sehr oft Tests und Klassenarbeiten.
+ Das finden Sie wohl schwierig?
– Ja, natürlich. Man muss so viel lernen. Aber das ist auch wichtig.
+ Verstehe. Wie lange dauert die Ausbildung noch?
– Noch zwei Jahre und dann kann ich hoffentlich im Betrieb bleiben. Tut mir leid, ich muss jetzt gehen ...
+ Vielen Dank für Ihre Zeit, Herr Gerlach.
– Gerne!

Modelltest
Goethe-Zertifikat A2

Nummer 1

Die Stadt Essen im Herbst – Kulturtipps für Ihre Stadt. Wir führen Sie durch das Programm und geben Tipps zu aktuellen Veranstaltungen. Vom 10. September bis zum 8. Oktober ist das international erfolgreiche Gehörlosen-Theater PIANO aus Nischnij Nowgorod in Russland zu Gast im Ruhrgebiet. Mit Aufführungen und Workshops will das junge Gehörlosen-Projekt eine kulturelle Verbindung zwischen Gehörlosen und Hörenden schaffen.

Nummer 2

Bei einem City-Biathlon in Püttlingen im Saarland verabschiedete sich gestern die Olympiasiegerin Kati Wilhelm, die damit ihre Wintersport-Karriere beendete. 20.000 Zuschauer aus ganz Deutschland waren gekommen, um ihr auf Wiedersehen zu sagen. Kati Wilhelm hat in ihrer Karriere dreimal Olympia-Gold und fünf Weltmeisterschaften gewonnen. 2006 wurde sie zur Sportlerin des Jahres gewählt.

Nummer 3

Wir unterbrechen unser Programm kurz für eine wichtige Verkehrsmeldung: Auf der A12 Frankfurt an der Oder

Richtung Berliner Ring sind zwischen Müllrose und Briesen Tiere auf der Fahrbahn. Ich wiederhole: Auf der A12 Frankfurt Richtung Berliner Ring laufen Tiere auf der Straße, fahren Sie bitte vorsichtig. Wir melden uns, wenn die Gefahr vorbei ist.

Nummer 4

Und jetzt das Wetter für morgen: Wir können uns weiter auf sommerliche Temperaturen freuen. Im Westen scheint die Sonne bei 26 Grad, im Süden werden es sogar 30 Grad, dort kann es aber Regen geben. Im Norden und im Osten ist es leicht bewölkt bei 25 Grad. Auch in den nächsten Tagen bleibt es sehr warm.

Nummer 5

Der Staatspreisträger für Literatur, Andreas Okopenko, ist im Alter von 80 Jahren gestorben. In Erinnerung an den österreichischen Autor ändert Ö1 sein Programm. So kommt am Montag um 21 Uhr nun die biografische Sendung „In Wahrheit ist es so". In der Nacht von Freitag auf Samstag hören Sie von 22 Uhr bis 3 Uhr unter dem Titel „Streichelchaos" Spontangedichte von Okopenko.

Nummer 6 bis 10

+ Du Carla, ich wollte noch einmal das Programm für die Geburtstagsfeier von Susanne mit dir besprechen.
– Gute Idee! Wir dürfen ja nichts vergessen!
+ Ja, genau. Also, wir treffen uns um 18 Uhr bei dir und bereiten alles vor. Susanne darf nichts wissen, es soll eine Überraschung für sie werden. Wenn sie kommt, stehen alle Gäste vor dem Tisch und rufen „Alles Gute zum Geburtstag!" und dann singen wir ein Lied.
– Welches Lied denn?
+ „Zum Geburtstag viel Glück" natürlich, du kennst es sicher. Peter liest dann ein Gedicht vor und danach wird das Buffet eröffnet. Das musst du machen, weil du ja kochst. Ok, Carla?
– Ja, natürlich, kein Problem.
+ Gut, und nach dem Essen packt Susanne dann ihre Geschenke aus. Caroline bringt die Geburtstagstorte mit und serviert sie auch. Danach organisiert Stefan Karaoke und die Party beginnt. Um elf kommt der DJ und macht mit uns ein paar lustige Spiele und danach tanzen wir. Das wird sicher super!
– Ja, und wer räumt auf?
+ Jana hat gesagt, dass sie am nächsten Vormittag zu dir kommt und dir beim Aufräumen hilft.
– Super, ich freue mich schon richtig auf die Party!

Nummer 11

+ Entschuldigung, wo ist hier eine Bank, bitte?
– Hier an der Ampel rechts, gleich um die Ecke.
+ Danke schön!

Nummer 12

+ Mama, was essen wir heute Abend?
– Ich habe nichts eingekauft, es gibt Nudeln mit Tomatensoße.
+ Oh, nicht schon wieder.
– Du magst doch Nudeln. Was ist das Problem?
+ Ist schon gut. Ich esse aber lieber Pommes.

Nummer 13

+ Hi, Tom! Lange nicht gesehen. Hast du deine Ausbildung beendet? Arbeitest du jetzt in der Bäckerei von deinem Vater?
– In der Bäckerei? Nein. Ich bin doch Tischler geworden.
+ Tischler? Wieso denn das?
– Ich wollte nicht bei meinem Vater arbeiten.

Nummer 14

+ Was ist denn hier los? Was feiert ihr?
– Ich bin Oma geworden, Jürgen! Komm doch rein!
+ Oh, herzlichen Glückwunsch, Renate! Was für tolle Neuigkeiten!
– Ja, ein Junge! Ich freue mich so!

Nummer 15

+ Guten Tag. Ich habe jetzt einen Termin.
– Guten Tag, wie ist Ihr Name, bitte?
+ Niedermeier.
– Ja, ich sehe hier … um 10, richtig?
+ Ja.
– Ihre Versichertenkarte bitte, Herr Niedermeier.
+ Moment … wo ist die denn? Ich glaube, die habe ich zu Hause vergessen.
– Das ist aber schlecht. Wir brauchen Ihre Karte.
+ Ich wohne hier um die Ecke. Ich hole sie schnell.

Nummer 16 bis 20

+ Maurizio, Sie kommen aus Italien. Wie lange lernen Sie hier schon Deutsch?
– Ich bin seit sieben Monaten in Deutschland und lerne seit fünf Monaten Deutsch.
+ Wie finden Sie die Deutschkurse?
– Wir lernen sehr intensiv, fünf Stunden pro Tag von Montag bis Freitag. Dann bekommen wir noch viele Hausaufgaben. Aber die Studenten und die Lehrer sind sehr nett.
+ Warum lernen Sie Deutsch? Was sind Ihre Pläne?
– Ich möchte in Deutschland studieren. Das Studium ist hier billiger als in Italien und es gibt bessere Chancen, einen Job zu finden.
+ Was möchten Sie denn studieren?
– Ingenieurwissenschaften. Ich habe schon einen Studienplatz an der Technischen Uni hier in Berlin.
+ Das ist aber toll! Herzlichen Glückwunsch!
– Danke sehr! Aber ich muss noch eine wichtige Sprachprüfung bestehen. Ohne diese Prüfung darf ich nicht studieren.
+ Dann wünsche ich Ihnen alles Gute für die Prüfung!
– Danke!

Lösungen

Test 1
Leben und lernen in Europa

1

1. Dorian – 2. Lara – 3. Lara – 4. Dorian – 5. Dorian – 6. Lara – 7. Dorian – 8. Lara

2

2. Sie kann auch sehr gut Englisch, weil sie es im Kindergarten gelernt hat. – 3. Italienisch liebt sie besonders, weil sie es mit ihrem Opa gesprochen hat. – 4. Dorian geht in die Schulen, weil er Kindern mit anderen Sprachen helfen will. – 5. Migranten brauchen ihre eigene Sprache, weil sie zu ihrer Identität gehört.

3

1. kurz/länger – 2. viel/mehr – 3. tief (niedrig)/höher – 4. jung/jünger – 5. schlecht/besser (schlechter)

4

1. schönste – 2. wichtiger – 3. mehr – 4. liebsten – 5. schwieriger – 6. romantischsten – 7. einfacher – 8. schneller – 9. besser – 10. besten

Test 2
Familiengeschichten

1

1. Eltern – 2. Bruder – 3. verheiratet – 4. Söhne/Kinder – 5. Schwiegermutter – 6. Enkel(söhne/kinder)

2

1. richtig – 2. falsch – 3. falsch – 4. falsch – 5. richtig – 6. richtig – 7. falsch

3

1. meinen – 2. unserer – 3. seinem – 4. meiner – 5. meinem – 6. deinen – 7. meinen – 8. ihrem – 9. ihrem – 10. eurer

4

1. dass es manchmal Probleme mit der Sprache gibt – 2. dass die Sprachkurse wichtig sind – 3. dass die Arbeit mit Kindern Spaß macht – 4. dass sie vier Wochen Urlaub im Jahr haben – 5. dass man in einer Familie die Sprache sehr schnell lernen kann

5

1. en – 2. er – 3. er – 4. en – 5. en – 6. e – 7. e

Test 3
Unterwegs

1

a4 – b5 – c2 – d1 – e1 – f3

2

1c – 2a – 3b – 4e – 5f

3

1. oder – 2. aber – 3. aber – 4. und – 5. aber – 6. oder – 7. oder – 8. aber

4

1. Wahrscheinlich machen Tom und Frieda die Schiffsreise. – 2. Vielleicht geht Frieda am nächsten Tag ins Reisebüro. – 3. Wahrscheinlich will Tom lieber mit dem Hausboot fahren. – 4. Vielleicht machen Tom und Frieda auch etwas ganz anderes.

5

1. sollen – 2. sollen – 3. soll – 4. sollst – 5. sollen

6

1b – 2h – 3f – 4a – 5d – 6g – 7c – 8e

Test 4
Freizeit und Hobby

1

Miriam: a5 – b3 – c1 – d2 – e4
Florian: a1 – b3 – c5 – d6 – e4 – f2

2

1. sich – 2. für – 3. sich – 4. mit – 5. mich – 6. mich – 7. uns – 8. mich – 9. mit – 10. uns – 11. sich – 12. über – 13. uns – 14. uns

3

1. alle – 2. Viele – 3. Alle/alle – 4. Niemand – 5. wenige

4

1. geschlafen – 2. verbracht – 3. gegessen – 4. verabredet – 5. unterhalten – 6. eingekauft – 7. eingeladen – 8. bestellt – 9. gesehen – 10. gefreut

Test 5
Termine

1

1. richtig – 2. falsch – 3. falsch – 4. falsch – 5. falsch – 6. richtig – 7. richtig – 8. richtig

2

1. Er fragt, wann das Museum geöffnet ist. – 2. Er möchte wissen, ob man mit dem Bus zum Museum fahren kann. – 3. Er fragt, wie weit man bis zum Museum laufen muss. – 4. Er möchte wissen, ob es Führungen für Gruppen gibt. – 5. Er möchte wissen, wie viel der Museumsbesuch für Schüler kostet. – 6. Er fragt, ob Lehrer das Museum kostenlos besuchen dürfen.

3

a) 1. e/e/e – 2. er/e/e/e, es/e/e – 3. e/e/es – 4. e/es/en/e/es – 5. er/e/es

b) a3 – b4 – c2

4

1. speichern – 2. einwerfen – 3. aufkleben – 4. schreiben – 5. löschen

5

1. verkauft – 2. kaputt – 3. funktioniert – 4. kontrolliert – 5. passiert – 6. repariere – 7. umtauschen – 8. bekomme

Test 6
Ausgehen, Leute treffen

1

1. ihm – 2. ihnen – 3. ihr – 4. ihm – 5. dir – 6. euch – 7. mir – 8. uns

2

1c – 2f – 3g – 4a – 5b – 6h – 7d – 8e

3

1. Wein – 2. lieber – 3. Speisekarte – 4. Spezialität – 5. Hunger – 6. nehmen – 7. Ei – 8. hätte – 9. zufrieden – 10. Rechnung

4

1. Die Straußwirtschaft hat ihren Namen von Fanny Melser, die für ihre Schnitzel berühmt ist. – 2. Helmut Melser serviert Riesling-Weine, die er direkt bei den Weinbauern kauft. – 3. Der Riesling ist ein fruchtiger Wein, den man vor allem im Rheingau trinkt. – 4. Der Rheingau ist eine berühmte Weinbauregion, die zwischen Rhein und Main liegt. – 5. „Strammer Max" ist ein hessisches Gericht, das auch Brot, Schinken und Ei besteht. – 6. „Rippchen" ist ein Schweinekotelett, das man mit Sauerkraut und Kartoffeln isst. – 7. Helmuts Schnitzelteller ist eine Spezialität, die man nur samstags bestellen kann.

Test 7
Vom Land in die Stadt

1

1. falsch – 2. falsch – 3. falsch – 4. richtig – 5. richtig – 6. richtig – 7. falsch – 8. richtig – 9. falsch – 10. richtig

2

1. wollte – 2. durfte – 3. mussten – 4. wollte/musste – 5. konnte – 6. mussten

3

1. gekocht – 2. verbrannt – 3. losgerannt – 4. passiert – 5. Wasser – 6. Stelle – 7. Wunde – 8. Hausapotheke – 9. Salbe – 10. Pflaster – 11. geklebt – 12. linken Hand

4

1. als – 2. als – 3. wie – 4. als – 5. wie – 6. als – 7. als – 8. als – 9. wie – 10. wie

Test 8
Kultur erleben

1

1. falsch – 2. richtig – 3. richtig – 4. falsch – 5. richtig – 6. richtig – 7. falsch – 8. falsch

2

1. lebten – 2. wohnten – 3. benutzte – 4. gab – 5. arbeiteten – 6. ging

3

1d – 2b – 3e – 4c – 5a – 6g – 7f

4

1. Als Herbert Grönemeyer 1956 geboren wurde, wohnte seine Familie in Göttingen. – 2. Als die Familie nach Bochum gezogen ist, hat Herbert dort das Gymnasium besucht. – 3. Als er 15 Jahre alt war, hat er seine eigene Band gegründet. – 4. Er hat Jura und Musikwissenschaften studiert, als er musikalischer Leiter wurde. – 5. Er hat als musikalischer Leiter gearbeitet, als er an das Theater in Bochum gegangen ist. – 6. Er war 25 Jahre alt, als er eine Hauptrolle in dem Film „Das Boot" spielte.

Test 9
Arbeitswelten

1

1f – 2d – 3c – 4b – 5e

2

1. Ich mache eine Umschulung, weil ich in meinem alten Beruf keine Chancen mehr sehe. – 2. Ich will einen anderen Beruf lernen, denn meine Arbeit ist langweilig. – 3. Ich bin arbeitslos, denn mein früherer Betrieb musste schließen. – 4. Ich besuche einen Weiterbildungskurs, weil es in meinem Beruf viel Neues gibt.

3

1. hätte – 2. Hätten – 3. könnten – 4. könnte – 5. Könnten – 6. Hätten

4

1. Umschulung – 2. Anmeldung – 3. Lernen – 4. Schreiben – 5. Bewerbung

5

1l – 2e 3d – 4k – 5f – 6g – 7a – 8h – 9b – 10j – 11i – 12c

6

1. wirst – 2. werden – 3. wird – 4. werde

Test 10 Feste und Feiern

1

1. Beide Feiertage – 2. Beide Feiertage – 3. Am Muttertag – 4. Am Vatertag – 5. Am Muttertag – 6. An beiden Feiertagen – 7. Am Vatertag – 8. An beiden Feiertagen

2

1. Ich schicke meiner Mutter rote Rosen und ein Buch. – 2. Zum Vatertag schenke ich meinem Vater einen guten Wein. – 3. Wir kochen unseren Eltern immer ein besonderes Essen.

3

nicht durchgestrichen: 1. bei – 2. im – 3. an – 4. am – 5. mit – 6. Nach – 7. bei – 8. aus

4

1. ihnen – 2. ihr – 3. ihnen – 4. ihm – 5. ihm – 6. mir – 7. ihm – 8. dir

5

1. Wenn der Chef Geburtstag hat, schenkt man ihm einen Gutschein. – 2. Wenn Oma und Opa Silberhochzeit feiern, gratuliert man mit einem Gedicht. – 3. Wenn man Hochzeitstag hat, geht man zusammen essen. – 4. Wenn (es) Ostersonntag ist, verstecken wir die Eier. – 5. Wenn wir echte Kerzen für den Weihnachtsbaum benutzen, müssen wir vorsichtig sein.

Test 11 Mit allen Sinnen

1

1e – 2a – 3g – 4h – 5b – 6d – 7c – 8f

2

des Dorfes Verscio – des Ortes – des Lebens – der Lehrer – der Schule – des Theaters

3

1h – 2f – 3d – 4e – 5c – 6a – 7g – 8b

4

1. Ein Roboter ist eine Maschine, mit der man viele praktische Arbeiten machen kann. – 2. Die Mimik sind Bewegungen des Gesichts, in denen sich die Gefühle der Menschen zeigen. – 3. Der Roboter hat Bilder gespeichert, mit denen er die menschliche Mimik imitiert. – 4. Viele Leute haben Angst vor dem Robotergesicht, in dem sie ihre eigene Mimik erkennen. – 5. Die Techniker suchen Testpersonen, mit denen sie den Roboter im Alltag ausprobieren wollen.

5

1a – 2a – 3b – 4a – 5b – 6b – 7b – 8a

Test 12 Erfindungen und Erfinder

1

1. richtig – 2. richtig – 3. richtig – 4. falsch – 5. falsch – 6. richtig – 7. falsch – 8. richtig

2

2. 1903 wurde zum ersten Mal Backpulver benutzt. – 3. 1910 wurde die erste Reiseschreibmaschine entwickelt. – 4. 1927 wurden die ersten Schnellkochtöpfe von Hausfrauen getestet. – 5. 1976 wurde die erste elektrische Zahnbürste hergestellt.

3

2. Man benutzt Backpulver, damit der Kuchen nicht hart wird. – 3. Man braucht eine Reiseschreibmaschine, um unterwegs Briefe zu schreiben. – 4. Man braucht einen Schnellkochtopf, damit das Essen schneller fertig ist. – 5. Man benutzt elektrische Zahnbürsten, um die Zähne besser zu putzen.

4

1. genannt – 2. hergestellt – 3. weitergegeben – 4. gegessen – 5. geschickt – 6. gerührt – 7. benutzt – 8. verpackt – 9. ausgewählt – 10. gesammelt

5

1. Früher wurden Lebkuchen mit der Hand gebacken. – 2. In den modernen Großbäckereien werden 2000 Lebkuchen pro Minute hergestellt. – 3. Die Dosen mit den Lebkuchen werden in die ganze Welt verschickt.

Gesamttest Einheit 1–6

Lesen

1b – 2a – 3b – 4a – 5c – 6b – 7b – 8c – 9a – 10a – 11b – 12a – 13c – 14b – 15a – 16c – 17a – 18X – 19e – 20f

Hören

1c – 2a – 3c – 4b – 5c – 6d – 7h – 8i – 9g – 10f – 11c – 12c – 13a – 14b – 15a

16. Nein – 17. Ja – 18. Ja – 19. Nein – 20. Ja

Schreiben

Beispiel Teil 1
Hallo Lukas, weil es in Spanien so schön ist, bleibe ich noch eine Woche länger. Ich komme am 15.05. um 20:37 am Flughafen an. Holst du mich ab? LG

Beispiel Teil 2
Liebe Frau König,
vielen Dank für die Einladung, aber ich kann heute Abend leider nicht kommen. Hätten Sie auch am Freitag Zeit? Können Sie mir noch erklären, wie ich zu dem Restaurant komme?
Viele Grüße …

Gesamttest Einheit 7–12

Lesen

1c – 2b – 3b – 4c – 5a – 6a – 7b – 8c – 9a – 10b – 11c – 12a – 13c – 14b – 15a – 16b – 17d – 18e – 19a – 20X

Hören

1c – 2b – 3a – 4c – 5b – 6e – 7i – 8f – 9b – 10d – 11a – 12c – 13a – 14b – 15c

16. Ja – 17. Ja – 18. Nein – 19. Nein – 20. Ja

Schreiben

Beispiel Teil 1
Hallo Katja, leider bin ich krank und kann heute nicht mit ins Kino gehen. Wollen wir nächste Woche zusammen ins Kino? LG

Beispiel Teil 2
Sehr geehrter Herr Geisel,
vielen Dank für die Einladung, ich komme sehr gerne. Darf ich meine Frau mitbringen? Sie interessiert sich sehr für Musik. Können Sie mir noch sagen, wie der Künstler genau heißt?
Mit freundlichen Grüßen, …

Modelltest Goethe-Zertifikat A2

Lesen

1b – 2a – 3b – 4b – 5c – 6b – 7c – 8c – 9b – 10a – 11a – 12c – 13a – 14c – 15b – 16X – 17c – 18d – 19a – 20e

Hören

1c – 2a – 3b – 4a – 5a – 6f – 7c – 8d – 9h – 10b – 11a – 12c – 13c – 14b – 15a

16. Nein – 17. Nein – 18. Nein – 19. Ja – 20. Ja

Schreiben

Beispiel Teil 1
Hallo Helena, leider ist Timmy krank und ich kann heute nicht mit dir ins Fitness-Studio gehen. Aber nächste Woche komme ich gerne wieder mit. LG

Beispiel Teil 2
Liebe Frau Meyer,
vielen Dank für die nette Einladung, ich komme sehr gerne. Kann ich vielleicht etwas mitbringen? Und können Sie mir bitte noch Ihre Adresse geben? Ich freue mich.
Viele Grüße
…

Bildquellenverzeichnis

Cover © panthermedia, texas13
S. 4 © Fotolia, iko (oben)
© shutterstock, Daniel M Ernst (unten)
S. 7 © Fotolia, nnerto
S. 9 © shutterstock, racorn
S. 10 © Fotolia, BillionPhotos.com (oben)
© Fotolia, contrastwerkstatt (unten)
S. 14 © Fotolia, Beatuerk
S. 16 © shutterstock, dotshock (oben links)
© shutterstock, michaeljung (Mitte rechts)
S. 22 © shutterstock, Naddya (oben rechts)
© shutterstock, Rachael Arnott (Mitte rechts)
S. 24 © shutterstock, Ljupco Smokovski
S. 25 © Fotolia, alswart

Karten © Cornelsen Schulverlage, Dr. Volkhard Binder